Q&A
で学ぶ

# カウンセラー・研修講師のための法律

鳥飼 康二［著］
弁護士・産業カウンセラー

著作権、契約トラブル、クレームへの対処法

誠信書房

# はじめに

　私は弁護士として，民事事件，家事事件，労働事件，刑事事件などに取り組んでいます。その一方で，私は産業カウンセラー（日本産業カウンセラー協会認定資格）として，個別のカウンセリングを実施したり，研修会の講師を務めたりしています。

　その際に，同業の研修講師やカウンセラーの方と接する機会がありますが，弁護士視点で見ると，カウンセラーや研修講師の皆さんは，著作権を侵害していたり，主催者側やクライアントと契約トラブルになったり，受講者やクライアントからクレームを受けたりなど，意外と多くの法律問題に遭遇していることに気づきました。

　そこで，カウンセラーや研修講師の皆さんのために，著作権，契約トラブル，クレーム対応を中心に，法律的な問題をQ&Aにまとめようと思い立ちました。

　本書のコンセプトは，以下の5点です。

◆ 本書では，法律を学んだことがない方でもイメージを抱きやすいように，事例や例示を多く活用しました。また，法律を学んだことがある方が理解を深めていただくために，応用問題にも言及しました。本書を読めば，カウンセラーや研修講師の皆さんが遭遇する悩みやトラブルに，ひととおり対応できるものと考えています。

◆ カウンセラーや研修講師の皆さんは，主催する側に立つだけでなく，研鑽のために研修会へ参加する側になることも多いと思いますので，両方の視点で学べるよう工夫しました。

◆ コロナ禍において，カウンセリングや研修を実施するにあたり，新たな問題も発生していますので，本書ではコロナ禍に関する事例も取り上げました。

◆ 「法律ではこうなります」という形式論だけでなく，「実際のところどうなの？」という疑問にも答えるよう工夫しました。

◆ カウンセリングや研修（セミナー）は玉石混交であって，なかには「怪しい」ものから，学術研究に裏付けられた「正当なもの」まで，さまざまなものがあります。本書では，「怪しいものと一緒にされるのは心外だ」と感じて，真面目にカウンセラーや研修講師として研鑽を積んでいる皆さんを対象に，実直にコンプライアンスを守っていただくことを目的としています。

本書が，皆さんのお役に立つことを願っています。

2021 年 10 月

鳥飼 康二

# 目　　次

# 第2章　契約トラブル ———————————— *53*

# 第3章　クレーム対応 ———————————— *87*

# 第1章
# 著作権

　カウンセラーや研修講師を務める皆さんは，社内外の研修講師活動，個別カウンセリング，仲間との勉強会などの機会で，レジュメやPowerPoint のスライドを作ったり，参考となる資料を配布したりすることがあると思います。また，ブログやSNS で情報発信をしている方もいると思います。

　そのようなとき，気をつけなければならないのが，著作権に関する法律である「著作権法」です。悪気はなくても，知らず知らずのうちに著作権を侵害している（著作権法に違反している）ケースは，けっして珍しくありません。

　一方，著作権法は，言語（文章），音楽，芸術などに限らず，プログラムなどもカバーするため，その全体像を理解するのは簡単ではありません。

　そこで第1章では，著作権法の中から，カウンセラーや研修講師の皆さんが知っておきたい分野，知らなければならない分野に絞って，なるべく分かりやすく著作権法の概要や注意点を解説します*1。

---

*1　第1章は，日本産業カウンセラー協会会報誌（2021 年，No.393-395）の連載内容を加筆修正したものです。

## Q 1　著作権法の概要

**Q**　著作権法の概要について教えてください。

著作権法は，大きく２つの視点から成り立っています。まず，作者の視点からすると，「せっかく作った作品はしっかり保護してもらいたい（保護されないのであれば，新しい作品を作る意欲がわかなくなる）」と考えることでしょう。一方，利用者の視点からすると「良い作品は，自由に利用させてもらいたい（社会に広く普及させるべき）」と考えることでしょう。

この２つの視点を調整するため，著作権法の目的は，「著作物並びに実演，レコード，放送及び有線放送に関し著作者の権利及びこれに隣接する権利を定め，これらの文化的所産の公正な利用に留意しつつ，著作者等の権利の保護を図り，もつて文化の発展に寄与すること」（著作権法１条）と定められています。

著作権法がカバーする著作物はとても幅広く，小説，脚本，論文，講演，音楽，舞踊，無言劇，絵画，版画，彫刻，建築，地図，図面，図表，模型，映画，写真，プログラムなどです（著作権法 10 条１項）。

著作権法が難しいと感じる点は，著作物の種類によって，考えるべき権利（著作権）が異なることです。たとえば，複製権（著作権法 21 条）はすべての著作物に認められますが，口述権（著作権法 24 条）は言語のみに認められ，展示権（著作権法 25 条）は美術または未発行の写真についてのみ認められます。

また，権利の種類によって制限規定が異なることも，著作権法が難しいと感じる点です。たとえば複製権には，私的使用のための制限（著作

権法 30 条），図書館等の利用のための制限（著作権法 33 条），教育機関等の利用のための制限（著作権法 35 条）などがありますが，上演権，演奏権，上映権，口述権には，非営利目的ための制限（著作権法 38 条）があります。

　その他，著作権法では，出版権，著作隣接権，私的録音録画補償金，罰則などさまざまな規定があり，全部で 124 の条文によって構成されています。そして，IT 技術の進歩にともない，適宜，法改正がされています。

　本章では，カウンセラーや研修講師の皆さんが遭遇しそうな著作権の問題を，なるべく分かりやすく解説するよう心掛けています。ただし，「100％こうなります」という絶対的な結論や基準を記述することは難しいため，私見に基づく部分もあることをご了承ください。

　その理由は，著作権に関する裁判例が少ないためです。すなわち，令和元年に地方裁判所へ新たに起こされた民事事件（行政事件含む）は約 15 万件，刑事事件は約 7 万件もあり，これまで多くの裁判例が積み重ねられていることから，民事や刑事で争い（裁判）になった場合の結果は，弁護士であればおおよそ予測できます。

　一方，著作権を専門に扱う知的財産高等裁判所では，著作権について判決が言い渡されるのは，多くて年間 20 件程度とされています。そのため，著作権について争い（裁判）になった場合，弁護士であっても結果を予測することは難しいのです。しかも，後ほど【コラム 2】で紹介するように，同じ裁判であっても，一審と二審で結論が真逆になった例もあるのです。

## Q2 著作権の考え方

 著作権の考え方を理解するコツはありますか？

著作権の問題を考えるとき，①著作物の該当性，②著作権の抵触可能性，③例外規定の適用，という順序で考えると分かりやすいです。

### (1) 著作物の該当性 （詳しくは Q3〜 Q5）

　まず，「著作権法が定める著作物に当たるかどうか」という視点で考えてください。なぜなら，著作権法が定める著作物に当たらなければ，そもそも著作権法違反にはならず，利用可能だからです[*2]。

　著作権法は，著作物の定義について，「思想又は感情を創作的に表現したものであつて，文芸，学術，美術又は音楽の範囲に属するものをいう」（著作権法2条1項1号）と定め，その種類として，言語，音楽，演劇，美術，建築，図形，写真，映画，プログラム，編集物などを挙げています（著作権法10条1項など）。

　このなかで，カウンセラーや研修講師の皆さんに関係が深いのは，「言語（＝文章)」「図形（＝グラフや表など)」だと思いますので，本書ではこれらを中心に解説します。

---

[*2]　ただし，有名な著書と混同誤認されるような，まぎらわしいタイトルを付けた場合など，著作権法には違反しなくても，不正競争防止法違反など，別の観点から問題が生じることがあります。また，著作権法には違反しなくても，営業的利益を侵害したとして不法行為に問われることがあります（Q14参照）。

## (2) 著作権の抵触可能性（詳しくは Q6，Q7）

　次に，著作物に該当している場合，「どの著作権に抵触する可能性が
あるか」という視点で考えてください。Q6 で解説するように，著作権
には，複製権，公衆送信権，翻案権など，著作物の性質によってさまざ
まな種類があります。

## (3) 例外規定の適用（詳しくは Q8〜 Q12）

　最後に，「著作権の例外規定（著作権者の許可がなくても利用できる
方法）があるか」という視点で考えてください。Q11 で解説するよう
に，最も利用しやすい例外規定は，引用（著作権法 32 条）です。

## Q3 著作物の該当性

 日本産業カウンセラー協会の WEB サイト[*3]上の記載を例にして,「著作物」に該当するかどうかの判断ポイントを教えてください。

①協会沿革ページの「1960（昭和 35）年 11 月　日本産業カウンセラー協会創立（本部東京），第 1 回産業カウンセリング全国研究集会開催（東京）」との記載。

②協会トップページの「働く人と組織を支える」というスローガン。

③協会倫理綱領の前文の全 647 文字中の一部を抜粋。「……会員は職能団体の一員として心の専門的技能者であるだけでなく，関連する広い学問，科学を重んじ，産業界の動向に通じた複合的能力をもって，あらゆる場面で活躍している。……産業カウンセラーが，心の問題にかかわる専門家としての倫理を自覚し，優れた能力と識見とを基礎に向上心と高い自律性をもった生き方を自己に課すことにより，社会の尊敬と信頼を得られるものと確信する。産業カウンセラーがこの綱領に則って誠実に行動することを誓い，ここに綱領を確定する」

 著作物は,「思想又は感情を創作的に表現したもの」（著作権法 2 条 1 項 1 号）と定義されていますが，これを「思想又は感情」

---

＊3　日本産業カウンセラー協会［https://www.counselor.or.jp/］（2021 年 4 月現在）

と，「創作的に（＝創作性）」に分けて考えると理解しやすいです。

## (1)「思想又は感情」

　まず，文章の内容が客観的な事実・データや歴史的な出来事ではなく，著者の「思想又は感情」でなければ，著作物に該当しません*4。著作権法10条2項も「事実の伝達にすぎない雑報及び時事の報道は，前項第一号に掲げる著作物に該当しない」と定めています。

　ここで言う「思想又は感情」は，哲学的概念のような厳格なものでなく，「私はこう考える」「私はこう思う」という程度の，表現者の何らかの考えや感情で足りるとされています。

　そうすると，Qの①協会沿革ページの「1960（昭和35）年11月　日本産業カウンセラー協会創立（本部東京），第1回産業カウンセリング全国研究集会開催（東京）」との記載は，客観的な事実や歴史的な出来事ですので，著作物には該当しません。つまり，許可を取らずに利用しても著作権侵害にはなりません。

## (2) 創作性

　一般的な言葉の組み合わせでは，創作性があるとは言えません*5。そのため，Qの②協会のスローガン「働く人と組織を支える」は，「思想又は感情」を表現したものと言えますが，「創作性」に欠けるため，著作物ではありません。ここで言う「創作性」は，プロの小説家や芸術家

---

*4　著名人の刑事裁判を傍聴した内容をブログ上に記したものについて，著作物かどうか争われた事案で，「誰がいつどこでどのようなことを行った」「ある物が存在する」「ある物の態様がどのようなものである」といった記述は「思想又は感情」ではない，と判断された裁判例があります（知財高裁平成20年7月17日判決）。

*5　スローガンやキャッチコピーは，「創作的」とまで言えないケースが多いですが，「僕安心　ママの胸より　チャイルドシート」という5・7・5の交通標語は，裁判所によって「創作的」と認められました（東京高裁平成13年10月30日判決）。

のような高度の独創性まで要求されるものではなく，著者の何らかの個性が表現されたもので足りるとされています。

　同様に，カウンセリング分野でよく用いられる「傾聴」「共感的理解」「自己一致」などのキーワードも，著作物ではありません。

　一方，Qの③協会倫理綱領は，協会が会員へ期待している倫理的態度なので「思想又は感情」に当たり，協会の個性が表れているので「創作性」も認められます。したがって，Qの③協会倫理綱領は，著作物に該当します。

　また，単に数値を並べただけの Excel 表や，Excel の定型機能で作成したグラフなどは，客観的データの表記なので「思想又は感情」も「創作性」も認められませんが，データ内容の理解を促進するような独自の創意工夫がされている場合は，「図形」の著作物となる可能性があります[6]。

　さらに，ありふれたキーワードを矢印で結んだ単純な関係図も著作物には該当しませんが，理解を促進するようなデザイン上の独自の創意工夫があれば，関係図であっても著作物となる可能性があります。

　ちなみに，Qの③協会倫理綱領は，全体として見れば創作性があるので，全体を模倣すれば著作権の侵害となりますが，その中の「複合的能力」「心の問題にかかわる専門家」「社会の尊敬と信頼」などの部分は，それだけ取り出せばありふれた表現なので（著作物に当たらないので），その部分のみ模倣しても著作権侵害とはなりません。

---

＊6　『タウンページ』も客観的情報の集合体ですが，創意工夫があるため著作物とされています（東京地裁平成 12 年 3 月 17 日判決）。

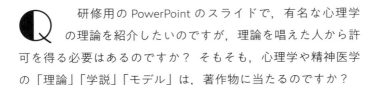

## Q4  理論，学説，モデルの意味

**Q** 研修用の PowerPoint のスライドで，有名な心理学の理論を紹介したいのですが，理論を唱えた人から許可を得る必要はあるのですか？　そもそも，心理学や精神医学の「理論」「学説」「モデル」は，著作物に当たるのですか？

**A** たとえば，精神医学の分野では「ドーパミン仮説[*7]」や「ストレス脆弱性モデル[*8]」，心理学の分野では「二重過程理論[*9]」や「職業選択理論[*10]」など，さまざまな理論，学説，モデルが提唱されています。

　これらの理論，学説，モデル自体は著作物ではありませんが，原著論文は著作物となります。これが実に分かりにくいのですが，理解するためのキーワードは「表現」です。つまり，著作物の保護対象は，「思想又は感情を創作的に表現したもの」と定義されていますので，表現の基礎となった観念的な（目に見えない）思想や感情は，創作的であっても保護されないのです。同じように考えると，理論，学説，モデルも，それ自体は観念的なものであるため，表現の基礎と位置づけられ，著作物には該当しないのです。

　これは，自然科学の分野で考えると理解しやすいです。たとえば，重力についての物理の法則（理論）は，人類が存在する以前から，観念的

---

*7　ドーパミン系の変調が，統合失調症の病因に関与しているという仮説。

*8　うつ病などの精神疾患は，ストレスの強度と個体側の脆弱性の相関関係によって発症するというモデル。

*9　人間が何らかの対象を認識するとき，直感的（経験的）な思考システムと，熟考的（分析的）な思考システムがあるという理論。

*10　自分の特性タイプとマッチする仕事を選ぶことで，満足度が高まるという理論。

に宇宙に存在していました。それを人類が発見しただけですから，その理論を著作物として保護することは不合理です[*11]。一方，その理論を利用して何か新しい技術を開発した場合は，著作権ではなく，特許権というかたちで保護が与えられます。

　なお，原著論文の場合は，理論を分かりやすく説明したり，批判したりするという著者独自の「思想又は感情を創作的に表現したもの」が含まれますので，理論の部分ではなく，その説明や批判の部分を含めて，全体として著作物となるのです。

　ただし，著作物でないからといって，他人が唱えている理論や学説やモデルをあたかも自説のように表記することは，たとえ著作権法違反にならないとしても，専門職としての資質が疑われますので止めましょう。他人（○○）が唱えている理論（□□）や学説（△△）を表記する場合，「○○の□□理論」「△△説（○○）」などと，提唱者を明記してください。

　ちなみに，この「アイデアや理論は著作物ではない」という考え方は，日本だけでなく，世界共通のものです。この考え方の背景には，著作物の範囲を広げすぎると表現の自由や学問の自由が制限されすぎて，文化や学問が発展しなくなってしまう，という価値判断があります。

---

[*11]　心理療法の例で言えば，たとえば認知行動療法の手法を真似してカウンセリングを行っても，著作権法に違反するわけではありません。一方，他人が創意工夫して作成した認知行動療法用の「認知の癖チェックシート」などは著作物になるので，それをコピーして無断で利用すれば，著作権侵害となります。

## Q5 研修スタイルの模倣

**Q** 「本当は怖い著作権」という研修会に参加したところ，①研修冒頭で各受講者が「実は私は□□です」と自己紹介する，②講師がクイズを配布して受講者が10分間で解く，③クイズの回答を説明しながら講義をする，④事例についてグループワークをする，⑤グループワークの結果をグループの代表者が発表する，という流れで，とても楽しく理解も進みました。そこで，これら①〜⑤のスタイルを取り入れて，「本当は怖いWEBサイト広告規制」とのタイトルで研修会を行いたいと考えていますが，著作権法上，問題はないでしょうか？

**A** まず，「本当は怖い」というタイトル冒頭部分は，ありふれた言葉であるため，著作物ではありません。一方，研修の内容を丸ごと真似した場合は，当然，著作権の侵害となります。それでは，内容ではなく研修会のスタイル（設定）を真似することは，著作権法上，問題となるでしょうか。

スタイル（設定）に関連する著作権法の規定に，「翻案権」というものがあります。「翻案権」について，著作権法27条は，「著作者は，その著作物を翻訳し，編曲し，若しくは変形し，又は脚色し，映画化し，その他翻案する権利を専有する」と定めていますが，いまひとつ抽象的です。

これについて，最高裁平成13年6月28日判決は，「翻案（著作権法27条）とは，既存の著作物に依拠し，かつ，その表現上の本質的な特徴の同一性を維持しつつ，具体的表現に修正，増減，変更等を加えて，

新たに思想又は感情を創作的に表現することにより，これに接する者が既存の著作物の表現上の本質的な特徴を直接感得することのできる別の著作物を創作する行為をいう」と判断しました。

　つまり翻案とは，小説を映画化するように，あらすじの大枠は同じだけれども，細部をアレンジするものです。一方，あらすじの大枠（ストーリーやキャラクターの設定など）は，表現の基礎となった「アイデア」であって著作物ではないので，ストーリーや設定を真似したとしても，具体的なセリフや描写など表現行為が異なるのであれば，著作権（翻案権）の侵害となりません。

　これについて，『七人の侍』という映画のストーリー展開とよく似ている連続テレビドラマが問題となった裁判例（知財高裁平成17年6月14日判決）は，「既存の著作物に依拠して創作された著作物が，思想，感情若しくはアイデア，事実若しくは事件など表現それ自体でない部分又は表現上の創作性がない部分において，既存の著作物と同一性を有するにすぎない場合には，翻案には当たらない」と判断しました。

　以上をもとに事例を考えると，研修会のスタイル（設定）は，「アイデア」であって著作物ではないため，真似をしても著作権（翻案権）の侵害にはならない，ということになります。

## Q6 著作権の種類

Q 著作権にはさまざまな種類があると聞きましたが，カウンセラーや研修講師が注意すべき著作権は，何でしょうか？

A 著作物は，その種類によって，複製権，上演権，上映権，公衆送信権，口述権，展示権，頒布権，譲渡権，貸与権，翻訳権，翻案権などの権利が発生します（著作権法21条など）。これらのうち，カウンセラーや研修講師の皆さんが特に注意すべき著作権は，複製権と公衆送信権です。

### (1) 複製権

複製権の対象となる複製行為の典型例は，書籍をコピー機でコピーすることですが，それにとどまりません。紙のコピーでなくても，スマートフォンで撮影する，スキャナーでPDF化するなど，電子データとして保存する行為も複製となります。

また，著作物である他人の文章を，レジュメやPowerPointに書き起こすことも複製となります。その際に，「です」を「である」と語尾のみを変えたとしても，文章の本質部分が同一であるならば，複製となります。このような類似性の判断は，全体的に対象を比較して，本質的な特徴を直接感得することができるか否か，という視点で判断されます[12]。

ちなみに，「複製行為」と「複製権の侵害」は，イコールではありま

---

[12] 知財高裁平成24年8月8日判決，最高裁平成13年6月28日判決参照。

せん。Q9で詳しく解説しますが，私的使用目的であれば（たとえば，分厚い研修テキストを持ち歩き用に軽くするため，その一部分をコピーする場合），「複製行為」をしても「複製権の侵害」にはなりません。

## (2) 公衆送信権

　著作権法23条1項は「著作者は，その著作物について，公衆送信（自動公衆送信の場合にあっては，送信可能化を含む。）を行う権利を専有する」と定めています。公衆送信とは，インターネット上などで著作物を閲覧可能な状態（誰でもアクセスできる状態）にすることです。たとえば，「研修講師としての意気込み」という著作物を，自らのホームページ（ブログ）やSNSで公開したり，PDFにしてダウンロード可能な状態にしたりすることです。これを著作者本人が行えば問題ないのですが，他人の著作物を自己のブログやSNSで公開すると，公衆送信権の侵害となります。

　また，「公衆」とは不特定多数だけでなく，特定多数の場合も含みます（著作権法2条5項）。そのため，たとえばオンライン講座を開くとき，参考資料として書籍の一部をPDFにして，一斉に参加者へメール添付で送信した場合や[13]，クラウド上でダウンロードできる状態にした場合は，たとえ参加者限定であっても，特定多数に対する送信なので，公衆送信権の侵害となります[14]。

---

[13]　1対1のメール送信は公衆送信ではありませんが，1対1のメール送信を多数行えば，実質的に公衆送信となります。

[14]　PDFにした時点で複製権の侵害となるので，このケースでは，複製権と公衆送信権の両方を侵害したことになります。

## Q7 WEB サイト上の著作物

> **Q** WEB サイト上の著作物は，著者が自ら世界中へ向けて公開しているのだから，許諾なく利用できると思うのですが？

**A** なにか分からないことがあった場合，インターネットで検索すれば，たいていのことは調べることができます。参考となる WEB サイトが見つかった場合，WEB サイト上の文章や画像を利用（コピペ）したいと感じた経験（あるいは実際にコピペした経験）は，皆さんにもあると思います。そのとき，「WEB サイト上の著作物は，著者が自ら世界中に向けて公開しているのだから，許可なく利用してもかまわないだろう」と思ったことはないでしょうか。

しかし，WEB サイト上に公開されていても，著者は自由に閲覧することを認めているだけであって，複製（コピペ）することまで認めているわけではありません。これは，書店の場合，著者は自分の本が閲覧（立ち読み）されることは認めるとしても[\*15]，自由にコピーされることまで認めていないのと同じ構造です。インターネットの場合，瞬時に不特定多数が閲覧可能になるので，誰でも利用可能と錯覚してしまいますが，考え方は書店の場合と同じです。

したがって，WEB サイト上の著作物を利用したい場合，サイト管理人へ問い合わせて著作権者の許可を得ることが必要です。ただし，サイトによっては，利用規約を定めて，その範囲で自由に利用することを認

---

\*15 ただし，書店が立ち読み禁止としている場合，著作権の問題は生じないとしても，書店との関係で法的問題（不法行為，契約違反など）が生じる可能性があります。

めている場合があります。また，Q9 で解説する「引用」を利用すれば，許可を得なくても利用することができます。

## ●コラム1● 迷ったときの考え方

　著作権を侵害しているかどうか迷ったときは，「自分が著者だったらどう感じるか」という視点で考えてみてください。

　たとえば，皆さんが 2 年がかりで本を書き上げて，ようやく出版したとします。ところが，ある企業内で，皆さんが書いた本の一部が PDF にされて社員にシェアされていることを知ったら，皆さんは「眉をひそめる」のではないでしょうか。あるいは，皆さんがオリジナルで作った研修用レジュメを，その研修に参加した受講者が別の場所で，あたかも自分が作ったかのようにレジュメとして配っていたら，皆さんは「眉をひそめる」のではないでしょうか。

　このように，自分が著者だったらどう感じるか，じっくり落ち着いて想像してみて，眉毛が反応したならば著作権侵害の事態が生じている可能性が高いので，注意してください。「これくらいならかまわないだろう」「みんなやっている」という油断は禁物です。

　著作権法以外でも，法律というのは，「自分がされたら嫌なことは相手にもしてはいけない」という当たり前のことを，難しく文章化したという側面もありますので，こういう感覚を持つことは，著作権に限らずコンプライアンス上も重要です。

## Q8 著作物の利用方法

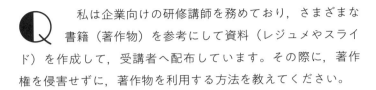

**Q** 私は企業向けの研修講師を務めており，さまざまな書籍（著作物）を参考にして資料（レジュメやスライド）を作成して，受講者へ配布しています。その際に，著作権を侵害せずに，著作物を利用する方法を教えてください。

**A** まず，著作権の利用について，著作権者の許可を得られれば，利用可能です。書籍の場合，出版社へ問い合わせれば，許可の方法を教えてくれます。WEB サイト上の記事の場合，WEB サイトの運営者へ問い合わせれば，許可の方法を教えてくれます。

### (1) 例外規定

一方，レジュメやスライドを作成する際に，いちいち許可を取るのは大変なので，許可を取らずに利用できる方法があれば便利です。

そこで，著作権法では「著作権の制限」として，許可を取らずに著作物を利用できる方法（例外規定）を，以下のようにいくつか定めています。

◆ 私的使用のため複製（著作権法 30 条）

◆ 図書館等における複製等（著作権法 31 条）

◆ 教科用図書等への掲載等（著作権法 33 条から 36 条）

◆ 視覚障害等福祉目的の複製等（著作権法 37 条）

◆ 非営利目的の上演等（著作権法 38 条）

◆ 報道放送目的の転載等（著作権法 39 条から 41 条）

◆ 司法立法行政目的の複製等（著作権法 42 条）

これらのうちで，カウンセラーや研修講師の皆さんが知っておくべき規定は，「私的使用目的」と「引用」です（Q9 と Q11 で詳しく解説します）。

　なお，著作権法でいう「教育用」とは，文部科学省が管轄する公立学校や私立学校のことですので，民間のカウンセリングや研修の団体は該当しません。

### （2）公的機関の著作物

　皆さんが利用しやすい方法として，公的機関の著作物を利用することが挙げられます。たとえば，厚生労働省をはじめとした公的機関は，メンタルヘルスやキャリアデザインについて，さまざまな資料を WEB サイト上で公開しています。これらの資料も著作物ですが，利用規約に従えば，許可を取らなくても，研修資料として配布するなど利用することができます。

　厚生労働省の利用規約* 16 では，資料を利用する場合，「出典：厚生労働省ホームページ（当該ページの URL）」のように出典を明記することが定められています。

---

* 16　厚生労働省の「利用規約・リンク・著作権等」は，以下のサイトで公開されています〔https://www.mhlw.go.jp/chosakuken/index.html〕。

# Q9  私的使用目的

**Q** 私はカウンセラーとして，定期的に自主的な勉強会へ参加しています。このような仲間内の勉強会で利用する場合，許可なく本をコピーして配布してもかまわないと聞いたのですが，本当ですか？

**A** 著作権法では，「個人的に又は家庭内その他これに準ずる限られた範囲内において使用することを目的とするとき」（私的使用目的）であれば，著作権者の許可を得ずに複製することができると定めています（著作権法30条1項）。

「個人的」とは，たとえば，分厚い参考書を持ち歩くのが大変なので，その一部分をコピーして書き込み用に使うことです。「家庭内」とは，たとえば，子どものために買ってきた参考書を，親が自分も解いてみるためコピーすることです。

問題は，「これに準ずる限られた範囲内」の具体例ですが，4～5人程度で家族に準ずるような親密かつ閉鎖的な関係，とされています（昭和56年著作権審議会第5小委員会報告書）。したがって，少人数の親しい仲間内の自主勉強会で利用する目的であれば，許可なく本をコピーして利用することができます。

一方，仲間の活動が営利性を帯びている場合は，たとえ4～5人であっても，「私的使用目的」とは認められない（複製権の侵害となる）可能性が高いです＊17。たとえば，勉強会の講師役に謝礼を出したり，業

---

＊17　裁判例でも，企業その他の団体において，内部的に業務上利用するために著作物を複製する行為は，「私的使用目的」に当たらないとされています（東京地裁昭和55年7月22日判決）。

務の延長としての半強制参加の勉強会だったりした場合は,「私的使用目的」とは言えないでしょう。

　また,4人の親しい勉強仲間のうち,1人が代表して有料講義を受講してきて,そのレジュメをコピーして3人の勉強仲間に配るような場合も,人数分の講義料金を免れる目的であるため,「私的使用目的」とは評価されません。

　ちなみに,コピーしたときは自分で利用するつもりだったけれども,その後に仲間3人へメール添付で送信した場合は,コピーした時点では私的使用目的だったのだから複製権の侵害とはならず,その後のメール添付送信が公衆送信権の侵害となるだけ,とも思われます。しかし,それでは「最初は自分で利用するつもりだった」との言い逃れが横行してしまうので,公衆送信した時点で複製権の侵害があったとみなされます(著作権法49条1項1号)。

## Q 10 　営利性と非営利性

**Q** 　私は駆け出しのカウンセラーなので，現在のところ，知人に頼んでクライアントになってもらい，無料カウンセリングを実施しています。無料の個別カウンセリングであれば，参考になりそうな文献をコピーしてクライアントへ渡してもかまわないのですか？

**A** 　少なくとも，有料の営利的なカウンセリングは「私的使用目的」とは言えないので，複製権の侵害となります。無料のカウンセリングであっても，たとえば，お試しで初回だけ無料である場合は，将来的に有料契約へつなげるための手段としての「無料」ですので，全体として見れば営利性を帯びており，「私的使用目的」とは言えないでしょう。

　一方，完全無料（ボランティア）のカウンセリングであったとしても，初回は信頼関係が構築されているとまでは言えないので，「家庭内その他これに準ずる限られた範囲内（＝私的使用目的）」とは言えませんが，数回目以降，信頼関係が構築された場合には，「私的使用目的」と評価されるでしょう。

　なお，著作権法では，営利を目的としない場合であれば，著作物を上演，演奏，上映できると定めています（著作権法38条1項）。そのほか，図書館，教育目的，福祉目的の場合でも，「営利を目的として当該事業を行うものを除く」などと定められています。したがって，基本的に営利目的の場合は，著作物を許可なく利用できないと考えてください。

　ただし，業務に付随する一切の行為が営利性を帯びる（私的使用目的ではない），と評価されるわけではありません。私的使用目的（著作権法

30条1項）の趣旨について，知財高裁平成26年10月22日判決は，「個人の私的な領域における活動の自由を保障する必要性があり，また閉鎖的な私的領域内での零細な利用にとどまるのであれば，著作権者への経済的打撃が少ないことなどに鑑みて規定されたものである」と述べています。そうすると，業務に付随する行為であっても，個人的な微々たる利用で，著作権者の利益を損なうものではない行為であれば，私的使用目的と評価されます。

　これについて，「企業等でなされた業務上の複製の使用目的は，『家庭内』に準ずる範囲内であるとはいえないとしても，例えば出張先への荷物を減らすために書籍のコピーをとる行為や，老眼の社長が新聞の拡大コピーを取る行為など，『個人的』な使用と評価できる場合も中にはあるのではないか＊18」と指摘されています。

---

＊18　島並良・上野達弘・横山久芳（2021）著作権法入門〔第3版〕．有斐閣，p.181.

# Q 11 　引　用

**Q** 　引用すれば著作物を利用できると聞いたので，研修会で配布するオリジナルのレジュメ 3 枚の後ろに，書籍のコピー5 枚を参考資料として添付しました（もちろん，書籍名が分かるように表紙も付けました）。すると，受講者から，「これって著作権の侵害じゃないですか？」と指摘されました。引用しているので問題ないと思うのですが，まずかったでしょうか？

**A** 　著作権法が定める「引用」は，いくつかの条件を満たす必要があります。単に参考文献として引用元が分かるだけでは条件を満たさず，著作権侵害となるのです。

　ところで，書籍や論文のコピーを配るのは，悪気なくやってしまいがちな著作権侵害行為です。なぜ悪気なくやってしまうかというと，おそらく，学校でコピーが配られた経験があるからでしょう。大学の授業などでは，指定の教科書のほかに，文献コピーが配られ，それに基づいて授業が進められることが珍しくありません。我々はそれに慣れてしまっているため，研修会や勉強会でも，コピーを配ることにあまり疑問を抱かないのです。

　しかし，学校の授業でコピーを配っても問題がないのは，著作権法で，教員は授業目的であれば必要限度で著作物を複製できる，と定められているからです（著作権法 35 条 1 項）。したがって，通常の研修会やカウンセリングの場面では，許可なく書籍や論文のコピーを配布することはできないのです。

## （1）引用の条件

引用について著作権法は，「公表された著作物は，引用して利用することができる。この場合において，その引用は，公正な慣行に合致するものであり，かつ，報道，批評，研究その他の引用の目的上正当な範囲内で行なわれるものでなければならない」（著作権法 32 条 1 項）と定めています。

この条文では，「公正な慣行に合致」と「報道，批評，研究その他の引用の目的上正当な範囲内」の，2 つの要件が示されています。

しかし，「公正な慣行」や「目的上正当な範囲内」と言われても，抽象的なので実際にどのようにしたらよいか分かりません。そこで，裁判例[19]や学説では，大きく 4 つの要素（①明瞭区別性，②出所明記，③必然性，④主従関係）が示され，これらを総合考慮して，「公正な慣行」「目的上正当な範囲内」と言えるか判断されています[20]。

### ① 明瞭区別性

明瞭区別性とは，引用している部分とオリジナルの部分が明瞭に区別されている，ということです。一般的な方法は，引用部分をカギ括弧「　」で囲むことですが，ほかにも，引用部分のフォントを変えるなどの方法もあります。

### ② 出所明記

出所明記とは，引用元の出所を明記する，ということです。書籍であれば，「鳥飼康二（2019）『事例で学ぶ発達障害の法律トラブル Q&A』

---

*19　最高裁昭和 55 年 3 月 28 日判決，知財高裁平成 22 年 10 月 13 日判決など。

*20　「かつての裁判例には，明瞭区分性と主従関係（付従性）という不文の 2 要件で引用の適法性を判断するものもあったが，少なくとも条文にないこれらの要件のみで適法性を判断し尽すのは解釈論上相当ではないため，最近の裁判例にはこれら 2 要件に拘泥しないものが増えており，また学説でも条文に立ち戻って検討することの必要性が広く共有されている」と指摘されています（島並良・上野達弘・横山久芳〈2021〉著作権法入門〔第 3 版〕．有斐閣，p.192）。

ぶどう社，○頁」などと記し，論文であれば，「鳥飼康二（2015）「放射線被ばくに対する不安の心理学」『環境と公害』44(4)，31-38.」などと記します。省略せずにきちんと記すことが大事です[*21]。

　また，レジュメやスライドの末尾に，「参考文献」として引用元をまとめて羅列することがありますが，この方法では，どの部分を，どの文献から引用したのか判別できませんので，出所明記の条件を満たしません。引用箇所の直後に記したり，脚注番号を付して記したりする必要があります。

### ③ 必然性

　必然性とは，オリジナルの文脈上，他の著作物を引用する必要がある，ということです。たとえば，レジュメをカッコよく見せるために，レジュメの余白に WEB サイトから拾ってきた画像を貼るのは，たとえ引用元（URL やクレジット〈コピーライト：©〉）を明記したとしても，画像を引用する必然性がない，ということになります（単にあやかりたいだけではダメです）。

　なお，画像や図表にクレジット（©）の表記がされていることがありますが，これは，自分の著作物であることをアピールする意味があります。ただし，クレジット（©）が表記されていない画像や図表は自由に利用できるわけではないので，注意してください。クレジット（©）が表記されていなくても，「思想又は感情を創作的に表現したもの」（著作権法2条1項1号）に当たるのであれば，著作物として保護されるからです（Q3参照）。

---

[*21]　なお，孫引き引用（書籍が引用している部分を，その引用元に当たることなく，そのまま自分の文章に引用したい場合）では，2段階の表記が必要です。たとえば，書籍B内で書籍Aの表が引用されていて，その表を自分の文章にも引用したい場合は，書籍Bの表の出典（著者，発行年，書名，出版社，表の掲載頁。注1）を明示したうえで，「注1（書籍Aの著者，書名，発行年，出版社，表の掲載頁）」と，脚注なり文献欄に記します。

#### ④ 主従関係

　主従関係とは，レジュメやスライドを作っている人のオリジナル部分が，引用しようとしている部分を質や量で上回っている，ということです。この主従関係は引用の際に最も重要なので（勘違いしやすいので），詳しく解説します。

　まず，主従関係が必要な理由ですが，たとえば，メンタルヘルスの書籍の内容を PowerPoint のスライドに丸ごと書き写して，それに沿ってメンタルヘルス研修を行ったとします。この場合，引用部分を「　」で括っておけば「①明瞭区別性」は満たしますし，著者名や書籍名を明記しておけば「②出所明記」を満たしますし，引用内容に沿った研修内容なので「③必然性」も満たします。

　しかし，前述したように著作権法では，「引用」は，「報道，批評，研究その他の引用の目的上正当な範囲内」とされています。そうすると，上記のような方法は，「報道」でも「批評」でも「研究」でもなく，もはや「タダ乗り」です。実質的に考えても，このような方法が「引用」として許されてしまうと，誰も本を買わなくなってしまいます。

　次に，主従関係の判断基準ですが，文章の場合，ひとつの目安は文字数です。オリジナル部分の文字数が，引用部分の文字数を十分に上回っていることが求められますが，文字数だけが絶対的な基準ではありません。なぜなら，「〜と考えることもできなくもない」などと無駄に冗長な表現を使うことで文字数を稼ぐ，という抜け穴を阻止するためです。また，オリジナルの部分の文字数を稼ぐために意味のない文章を羅列することも，「報道，批評，研究その他の引用の目的上正当な範囲内」とは言えないでしょう。

　以上をまとめると，主従関係は，文字数をひとつの目安にしながら，文章の質も考慮して，全体としてオリジナル部分が引用部分を十分上回っているかどうかという視点で判断されます。

## （2）要約引用

　引用しようとすると，どうしても文字数が増えてしまう場合，要約することで文字数を減らすことができます。この際，注意しなければならないのが「同一性保持」です（著作権法20条1項）。これは，著作者人格権の一種で，著者の真意を損なうような行為をしてはならない（要約は的確でなければならない），というものです。著者としては，自分の著作物を誤ったニュアンスで要約引用されると，あたかもその著者がそのような人格（思想または感情）を有していると世間一般に勘違いされて，迷惑千万となるからです。

　また，長い文章のうち，あえて引用する必要がない箇所を省略することでも，文字数を減らすことができます。その場合，省略されていることを示すために，「(略)」「－中略－」などと表記します。ただし，省略してしまうと文脈が変わってしまう場合は，「同一性保持」に違反することになるので，注意してください。

## Q 12  PowerPoint のスライドでの主従関係

　　　　研修講師を務める際に，よく PowerPoint のスライ
　　　　ドを利用します。PowerPoint のスライドの場合，引用
の「主従関係」は，スライド1枚の中でそれぞれ判断するの
ですか？　それとも，スライド全体で判断するのですか？

　　　　PowerPoint のスライドでの主従関係に関する裁判例はいま
　　　　だ存在しないようですが，①スライド1枚の中で主従関係を判
断するという見解と，②オリジナルな口頭説明も含めてスライド全体の
中で主従関係を判断する，という見解があり得ます。
　私見では，後者②の見解を支持しています。なぜなら，PowerPoint
の性質上，情報を詰め込みすぎないようにスライドにはキーワードのみ
シンプルに記載し，口頭で存分に補足するという方法が広く利用されて
いるからです。仮にスライド1枚1枚で判断されるとすると，主従関係
を満たすために，スライド上にオリジナルの文章をたくさん記載しなけ
ればならなくなり，とても見づらいスライドとなってしまいます。この
ように解釈しても，引用における「公正な慣行に合致」と言えるでしょ
うし，著作権法の目的である「著作者等の権利の保護を図り，もつて文
化の発展に寄与すること」（著作権法1条）にも反しないでしょう。
　ただし，オリジナルな口頭説明とシンプルなスライドがセットである
ことが前提であるので，スライドを印刷して配布したり，電子データを
メールなどで送信する場合は，注意が必要です。スライド配布物や電子
データだけ見ると，引用ばかり表記されていて全体として主従関係を満
たしていないように見えるからです。そのため，後に著作権侵害の疑い
をかけられた際に弁明できるように，受講者に「スライド配布物は口頭

説明と一体として意味をなすので，他者に配布しないでください」と説明することや，口頭説明の原稿メモを作成して保存しておく（あるいは，研修会での口頭説明を録音しておく）ことが無難です。

　ちなみに，PowerPoint のスライド上に引用する文章やキーワードがシンプルであれば，単体では創作性が認められませんが，全体としてつなげれば創作性が認められる場合は，著作物となりますので（Q3参照），正しく引用する必要があります。

## Q 13　書籍の内容に沿った研修会

**Q**　今度，管理職向けの研修会の講師を務めることになりました。あまり経験がないので，関連するビジネス書を参考にして研修を実施しようと思うのですが，その際の著作権法上の注意点を教えてください。

**A**　研修を企画する場合，すべて自分で考えたオリジナルの内容ということは難しく，著名なビジネス書の内容や，受講した経験のある他の研修を参考にすること（真似すること）が多いでしょう。それ自体は一概に悪いことではないのですが，これまで本書で指摘してきたことに十分注意しないと，著作権の侵害となってしまいます。

　たとえば，他人の書籍や，他人が作ったレジュメに「べったり沿った」研修内容では，書籍の内容を口頭で読み上げた場合は「口述権」（著作権法2条1項19号）の侵害となり，書籍をPDFなどで取り込んでその画像をスライドで映した場合は「上映権」（著作権法2条1項17号）の侵害となります。また，PowerPointのスライドに書籍の内容を書き起こしたり，書籍の内容を記したレジュメを配布する場合，引用元を明記することは当然ですが，主従関係を満たさなくなる可能性があります。つまり，たとえ十分に口頭説明をして，量的には主従関係を満たすように見えても，口頭説明の内容が書籍やレジュメの内容に基づいているならば，質的な観点では主従関係を満たさないでしょう。

　そのような場合，著作権者の許可をしっかり取るべきです。どうしても著作権者の許可を得ずに利用したい場合は，書籍やレジュメの内容にべったりとならないように，オリジナルな内容の口頭説明を，豊富に取り入れる必要があります。たとえば，一般論として書籍などの内容を引

用しつつ，講師自身の経験談を豊富に語ったり，一般論を研修対象者や研修対象企業に当てはめた場合の個別性を，豊富に考察したりすることで，量的にも質的にも主従関係を満たすようにしてください。ただし，よほど注意して講演内容を工夫しないと，「書籍の内容べったり＝著作権侵害」と評価されうるので，あまりおススメはしません。

　また，書籍を参考して研修会を実施する場合，受講者各自にその書籍を「テキスト」として購入してもらうことも一案です。理論的には，書籍を購入すれば研修内容が著作権法違反にならないわけではありませんが，書籍の著作権者の立場からすれば，受講者全員が書籍を購入してくれたのであれば，ことさらに研修内容の著作権侵害を問題視しない可能性もあります（複製権など代表的な著作権法違反は，著作権者が被害を捜査機関へ告訴しないと成立しません。Q19 参照）。

> 　　　ある研修会に参加したところ，レジュメに「無断転
> 　　　載禁止」と書いてありました。ありきたりのビジネス
> ノウハウが羅列されているだけで，それほど創作性が高い内
> 容と思えないのですが，このレジュメを他で利用することは
> 問題ないでしょうか？

　　　研修会で配布されるレジュメやスライド印刷物に，「無断転
載禁止」と記載されているのを目にしたことがあると思います。
その場合の注意点を解説します。

## （1）運営側との契約違反

　ありふれた文章など，著作物でない場合，無断で利用しても著作権法
違反にはなりません（Q3参照）。しかし，研修会へ参加している場合，
運営側との間では契約関係にあることになりますので，レジュメやスラ
イドに「無断転載禁止」と書いてあれば，無断で転載することは契約違
反となり，損害賠償責任を負うことになります（民法415条1項）。

　また，研修会へ正規に参加せずレジュメを入手した場合（運営側との
間で契約関係にない場合）であっても，無断で転載することは不法行為
（民法709条）となり，同様に損害賠償責任を負うことになります[22]。

　一方，たとえ「無断転載禁止」と書いてあっても，「引用」として利
用するのであれば，許可なく利用しても契約違反等にはなりません（た

---

[22]　同様に，「教室内は録音録画禁止」と張り紙されている場合，自宅で復習するた
めにスマートフォンで許可なく録音録画しても，著作権法違反にはなりませんが
（私的使用目的），主催者や講演者に対する契約違反や不法行為となり得ます。

だし，Q11 で解説した「引用」の条件を満たすことが前提です）。

## (2) 営業的利益の侵害

　一般的な内容をまとめただけであって，著作物に当たらないレジュメであっても，受講者から好評なもの（営業的な価値があるもの）であれば，それを無断で，自らの研修会であたかも自らが作成したように利用することは，営業的利益の侵害として，不法行為（民法 709 条）による損害賠償責任を負うことがあります。なぜなら，裁判所は，著作権に当たらないものであっても，営業的価値の高いものを模倣する行為を，違法と判断しているからです[*23]。

　たとえば，WEB 上で新聞記事の見出しを整理したもの（『YOL 読売オンライン』）について，裁判所は，「多大の労力，費用をかけた報道機関としての一連の活動が結実したものといえること，著作権法による保護の下にあるとまでは認められないものの，相応の苦労・工夫により作成されたものであって，簡潔な表現により，それ自体から報道される事件等のニュースの概要について一応の理解ができるようになっていること，YOL 見出しのみでも有料での取引対象とされるなど独立した価値を有するものとして扱われている実情があることなどに照らせば，YOL 見出しは，法的保護に値する利益となり得るものというべきである」として法的保護の対象としたうえで，「無断で，営利の目的をもって，かつ，反復継続して，しかも，YOL 見出しが作成されて間もないいわば情報の鮮度が高い時期に，YOL 見出し及び YOL 記事に依拠し

---

＊23　最高裁平成 23 年 12 月 8 日判決は，「（著作権法上の）著作物に該当しない著作物の利用行為は，同法が規律の対象とする著作物利用による利益とは異なる法的に保護された利益を侵害するなど特段の事情がない限り，不法行為を構成するものではない」と判断したので，裏を返せば，「特段の事情」があれば，著作権法違反ではなくても不法行為責任を負うことになります。

て，特段の労力を要することもなくこれらをデッドコピーないし実質的にデッドコピーして LT リンク見出しを作成し，これらを自らのホームページ上の LT 表示部分のみならず，2 万サイト程度にも及ぶ設置登録ユーザのホームページ上の LT 表示部分に表示させる」行為をした業者に対して，損害賠償を命じました（知財高裁平成 17 年 10 月 6 日判決）。

　また，自動車整備用データベースについて，裁判所は，「人が費用や労力をかけて情報を収集，整理することで，データベースを作成し，そのデータベースを製造販売することで営業活動を行っている場合において，そのデータベースのデータを複製して作成したデータベースを，その者の販売地域と競合する地域において販売する行為は，公正かつ自由な競争原理によって成り立つ取引社会において，著しく不公正な手段を用いて他人の法的保護に値する営業活動上の利益を侵害するものとして，不法行為を構成する場合がある」として，複製販売した業者に対して損害賠償を命じました（東京地裁平成 13 年 5 月 25 日中間判決）。

　したがって，この事例の場合も，レジュメは著作物には当たらないとしても営業的価値が高いと認められる場合，無断で利用すれば，損害賠償責任を負う可能性があります。

## Q 15　オンライン研修の注意点

**Q**　新型コロナウイルス感染拡大防止の観点から，オンラインで研修会を開くことになりましたが，著作権法上の注意点を教えてください。

**A**　オンライン研修であっても，会場で行う対面式の研修会と基本的な考え方や注意点は同じです（オンライン・カウンセリングも同様です）。

　たとえば，書籍など著作物をPDFにして，受講者に配布（ダウンロード）させれば，複製権と公衆送信権の侵害となります。ダウンロードだけでなく，「画面共有」でも同じです。また，書籍など著作物の内容を口頭で読み上げることは，口述権の侵害となり，書籍など著作物の内容（画像）をスライドで映すことは，上映権の侵害となります。

　したがって，書籍など著作物を利用したければ，講師自身が作成したレジュメやスライドの中で，引用というかたちでなければなりません。

　受講者側の注意点としては，受講者が講師に無断でオンライン研修会を録画した場合，スライドなど講師の著作物に関する複製権を侵害したことになりますし，その録画が不特定多数または特定多数の第三者が閲覧できる状態にされれば，講師の著作物に関する公衆送信権が侵害されたことになります。さらに，受講者がその録画を改変すれば，著作者人格権（同一性保持権）の侵害となります。

メンタルヘルスの研修会を企画し，案内チラシを作成しました。チラシには，①会場案内図として，大手地図サイトの地図（画像）を取り込んで貼り付けました。また，②季節感を出すために，インターネットの個人ブログに掲載されていた綺麗な桜の写真を貼り付けました。そして，③「参加者の声」として，以前実施した研修の参加者から得たアンケートの一部を記載しました。さらに，④私が所属する団体の URL を記載しました。

　　この案内チラシを同僚へ見せたところ，「勝手に地図や写真やアンケートなどを使っても大丈夫なの？」と言われましたが，何か問題があるのでしょうか？

　　　地図，写真，アンケートについて，著作権の観点から解説します。

### （1）地図

　Q3で解説したように，客観的事実を記載したものは著作物ではありません。そうすると，「地図も駅や道路という客観的な情報を記したものだから，著作物に当たらないのではないか」との疑問が生じます。

　しかし，地図は，完全に客観的な情報ではなく，分かりやすくするために縮尺を加工したり，目印となる建物を表記したり，番地を記したりと，創意工夫が凝らされているので，著作物に該当します。したがって，他人が作った地図を許可なくチラシに利用することはできません。

　なお，大手である Yahoo! や Google の地図は細かい利用規約が定め

られていますが，2021年4月時点のYahoo!の利用規約では，「印刷広告・ちらし，その他の種類の印刷物いずれにおいても，地図および，航空写真，衛星写真の二次利用はできません。（私的複製の場合を除く）」とされており，Googleの利用規約でも「印刷広告では，Googleマップ，Google Earth またはストリートビューの画像を使用することはできません」とされています。利用規約は改訂されることがあるので，利用時に最新のものを確認してください。

## (2) 写真

　次に，「写真も客観的に存在する被写体を撮影したものだから，著作物に該当しないのではないか」との疑問が生じます。

　しかし，写真は，カメラアングルやフレーミング，撮影後の加工処理などによって，撮影者の個性（創作性）を発揮することができます。そのため，著作権法第10条1項は，著作物の例示として写真を挙げており，写真が著作物になりうることを前提としています（ただし，創作性がまったくない単純機械的な写真であれば，著作物には該当しません）。

　したがって，SNSも含むインターネット上には膨大な量の写真（画像）が存在し，気軽にコピーすることが技術的には可能ですが，許可なく広告チラシへ利用することはできないのです（画像の引用の注意点については，Q11参照）。

## (3) アンケート内容

　参加者が書いたアンケートの記入や，インターネット上の口コミも，内容によっては著作物になります（著作物の該当性についてはQ3参照）。書き込みが匿名でされていた場合であっても同じです。

　したがって，アンケートの記入内容などを別途広告物で利用したい場合は，アンケートに「当団体の広告物等に掲載させていただくことに同

意します」などのチェック欄を設ける必要があります。

## （4）WEB サイトの URL を記載したり，リンクを貼るときの注意点

　リンク先の WEB サイト上に著作物が表記されているとしても，レジュメやスライドなどに WEB サイトの URL を記載するだけでは，著作権（複製権や公衆送信権）の侵害にはなりません。同様に，自分のブログにリンクを貼る行為も，著作権の侵害にはなりません[24]。

### ●コラム 2 ● 著作権の裁判例

　著作権に関する実際の裁判例をいくつか紹介します。同じ事案であっても，裁判官によって判断が異なる場合があること（著作権法の裁判は判断が難しいこと）が分かると思います。

#### （1）ポパイ事件
　皆さんよくご存じの「ポパイ」ですが，ある会社が作ったネクタイに，「水兵帽をかぶり，水兵服を着，口にパイプをくわえた船乗りが右腕に力こぶを作っている立ち姿を描いた絵の上下に『POPEYE』『ポパイ』の語を付した図柄」を付けたことが，問題となりました。
　これについて，最高裁平成 9 年 7 月 17 日判決は，「連載漫画においては，当該登場人物が描かれた各回の漫画それぞれが著作物に当たり，具体的な漫画を離れ，右登場人物のいわゆるキャラクターをもって著作物ということはできない」として，ポパイのキャラクターという包括的な概念に対する著作権侵害は認めませんでしたが，具体的な絵（作画）にネクタイの図柄が類似していたので，その点を捉えて著作権侵害を認

---

＊ 24　ただし，リンク先が違法サイトである場合，その違法行為を助長したものとして不法行為責任を問われる可能性があるので，リンク先の内容について注意してください。

めました。

## (2) 江差追分事件

　北海道の民謡である「江差追分」について，ノンフィクションの書籍の記載と，NHK番組のナレーションが類似していることが問題となりました。

　これについて，東京地裁平成8年9月30日判決や，東京高裁平成11年3月30日判決は，著作権（翻案権）の侵害を認めました。

　一方，最高裁平成13年6月28日判決は，書籍の記載とナレーションには，「江差町がかつてニシン漁で栄え，そのにぎわいが『江戸にもない』といわれた豊かな町であったこと，現在ではニシンが去ってその面影はないこと，江差町では9月に江差追分全国大会が開かれ，年に1度，かつてのにぎわいを取り戻し，町は一気に活気づくことを表現している点及びその表現の順序において共通し，同一性がある」としながらも，これらの内容は「一般的知見に属し，江差町の紹介としてありふれた事実であって，表現それ自体ではない部分において同一性が認められるにすぎない」と判断し，結論として著作権（翻案権）の侵害を否定しました。

## (3) 通勤大学法律書コース事件

　一般向けの法律解説書について，その記載内容が，他の一般向けの法律解説書に類似していることが問題となりました。

　これについて，東京地裁平成17年5月17日判決は，「一定以上のまとまりを持って，記述の順序を含め具体的表現において同一である場合には，複製権侵害に当たる場合があると解すべきである。すなわち，創作性の幅が小さい場合であっても，他に異なる表現があり得るにもかかわらず，同一性を有する表現が一定以上の分量にわたる場合には，複製権侵害に当たるというべきである」と述べて，一部について著作権（複製権）の侵害を認めました。

　一方，知財高裁平成18年3月15日判決は，記載内容が類似してい

る部分は,「法令の内容や判例から導かれる当然の事項を普通に用いられる言葉で表現したものにすぎず,創作的な表現であるとはいえない」として,著作権の侵害を否定しました。

### (4) YG 性格検査事件

　採用試験などで利用される「YG 性格検査」を実施するために創作された検査用紙は,2 人の共同著作物でした。この検査用紙について,出版社との間で出版契約を締結しましたが,年月が経ち,著作権者が亡くなって,複数の相続人が共同著作権者となりました。ところが,相続人の間で意見がまとまらず,一部の相続人が出版社との出版契約を更新することを拒絶しました。著作権法 65 条 2 項は,共同著作物は共有者全員の合意によらなければ権利行使できないと定めていますが,一方で,著作権法 65 条 3 項は,共有者は正当な理由がない限り合意の成立を妨げてはならない,と定めています。

　これについて,大阪高裁平成 25 年 8 月 29 日判決は,この検査用紙は年間 70 万部近く幅広く利用されていることから,共同著作権者のうち一部の者が合意の成立を妨げる正当な理由はない,と判断しました。

## Q17　会場での音楽利用上の注意

 無料公開講座の休憩時間に，受講者にリラックスしてもらうために，会場内で市販の CD のヒーリング音楽を流すことは，問題ないでしょうか？

音楽には，演奏権（著作権法 22 条）など，いくつかの著作権が発生します。そのため，たとえ自ら購入した CD であっても，個人的に聴くことはもちろん許されますが，公の場で流すことまで許されていないのです（スマートフォンに音楽をダウンロードした場合も，考え方は CD の場合と同じです）。

一方，公の場で CD を流す場合であって，①非営利目的であること，②聴衆から料金を徴収しないこと，③演者に報酬を支払わないこと，の 3 条件を満たすならば，著作権の侵害にはなりません（著作権法 38 条 1 項）。

無料公開講座であれば，非営利目的とも言えそうですが，有料講座へ誘うための手段であるならば，全体として営利性を帯びるため，非営利目的とは評価されないでしょう（Q10 参照）。

ちなみに，飲食店などで店内音楽を流すときに有線放送が広く利用されているのは，著作権を侵害しないためです（料金を払って，店内で音楽を流す権利を購入しているのです）。また，最近では，いわゆる著作権フリーの音楽も広まっていますので，それを利用することもできます。

**Q** ある団体から，会報誌に記事を書いてほしいと依頼されました。特に契約書など交わさず，メールのやり取りだけで，テーマ，文字数，原稿料，締め切りを提案され，引き受けることにしました。この場合，私が書いた記事の著作権は，誰に帰属するのでしょうか？

**A** 事例を考えるうえで関連する制度として，「職務著作」（著作権法15条）というものがあります。これは，会社など「法人等の業務に従事する者」が，職務として作成した著作物は，法人名義で公表する場合，個別の定めがなければ著作権は法人に帰属する，というものです。

そうすると，この事例のように外部の団体から依頼されただけであれば，「法人等の業務に従事する者」に当たりませんので，特に団体との間で「記事の著作権を譲渡します」と取り決めをしていない限り，著作権は記事を書いた本人に帰属します。

なお，職務著作の仕組みはちょっとややこしいのですが，会社の従業員が，取引先向けの宣伝物に記事を書いた場合を例にすると，その従業員の個人名（作者名）が表示されておらず，会社名義で宣伝物全体が作成されている場合，職務著作として，会社が著作権者となります。

一方，従業員の個人名（作者名）が表示されている場合は，その記事の著作権は，会社ではなく従業員に帰属します。ただし，就業規則などで「職務上作成した著作物は会社側へ譲渡する」などの規程がある場合，たとえ従業員の個人名（作者名）が表示されていたとしても，著作権は会社に帰属することになります。

## Q19　著作権法違反の責任

カウンセラーや研修講師としての活動のなかで，もし著作権を侵害してしまった場合，どのような責任を問われるのでしょうか？

著作権法では，刑事責任と民事責任の両方が定められていますが，まずは刑事責任と民事責任の違いを解説します。

### （1）刑事と民事の違い

　刑事責任と民事責任は，最終的に裁判所が決めることは同じなのですが，手続き構造や目的が異なります。

　民事責任（民事裁判）は，「私人（被害者）　対　私人（加害者）」という構造ですが，刑事責任（刑事裁判）は，「国家（検察官）　対　私人（容疑者）」という構造です。また，目的は，民事責任が被害回復（お金の問題）であるのに対して，刑事責任は犯罪を処罰して再犯を防止すること（公益的な問題）です。

　たとえば，交通事故の被害に遭った場合，警察が容疑者を逮捕して，検察官が起訴して，裁判所が有罪判決を出したとしても，被害者に対して自動的に賠償金が支払われるわけではありません[25]。被害者は別途，民事手続きで，被害の請求をしなければならないのです。

### （2）著作権法における刑事責任

　著作権法における刑事責任はいくつか定められていますが，代表的な

---

[25]　ただし，殺人や傷害などの一定の重大犯罪の場合，刑事裁判の中で損害賠償を審理する手続き（犯罪被害者保護法23条）があります。

ケース（複製権の侵害や公衆送信権の侵害をした場合）には，「10年以下の懲役若しくは1,000万円以下の罰金に処し，又はこれを併科する」（著作権法119条1項）と定められています。つまり，最大で刑務所に10年間入り，プラスして1,000万円の罰金を払うことがありうるのです。

ただし，この著作権法違反（著作権法119条1項）は，「告訴がなければ公訴を提起することができない」（著作権法123条1項）とされていますので，そもそも被害者（著作権者）が刑事告訴しなかったり，刑事告訴されても起訴される前に示談して取り下げてもらえば，刑事裁判にかけられることはありません（実際に刑事責任を問われる可能性については，コラム3を参照してください）。

## （3）著作権法における民事責任

民事責任の中心は損害賠償請求となりますが，これは一般的な不法行為（民法709条）に基づくものです。不法行為では，加害者（著作権侵害者）が故意（わざと）あるいは過失（不注意）で，被害者（著作権者）に損害を与えたことを証明しなければなりません。

ただし，損害の立証は難しいことも多いため，著作権法114条では，損害の立証を軽減する特則を定めています。すなわち，①著作権侵害者が販売した数量に著作物の利益単価を掛けた金額，②著作権侵害者が著作権侵害行為によって得た利益，③著作権者が通常受けるべき利益，が損害額として推定されるのです。

たとえば，1通300円（利益150円）で販売されている心理テスト質問紙を，無断でコピーして，カウンセラー仲間10名に販売した場合，150円×10＝1500円が損害額と推定されます。あるビジネス書をそのまま模倣して研修会を複数回行い，計30万円の利益を得た場合は，30万円が損害額と推定されます。

また，著作権法は，損害賠償以外の民事責任の追及手段として，著作

権を侵害している人または侵害するおそれがある人に対して，侵害行為の差し止めを請求することや（著作権法112条），無断改変など著作者人格権を侵害した人に対して，謝罪広告などの名誉回復措置を講じるよう求めること（著作権法115条）などを定めています。

　ただし，刑事責任と同じく（コラム3参照），必ず民事責任を問われるわけではありません。著作物を好意的に紹介するなかで複製権や公衆送信権を侵害してしまった場合などは，著作権者があえて責任を追及しようとしないこともあるでしょう。また，著作権者に謝罪して和解（示談）することで，大きな責任問題に発展しないこともあるでしょう。

　だからと言って，安易に著作権を侵害しても良いというわけではありませんので，日ごろから注意を払ってください。

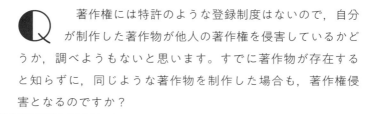

# Q 20 著作物の存在を知らなかった場合

**Q** 著作権には特許のような登録制度はないので，自分が制作した著作物が他人の著作権を侵害しているかどうか，調べようもないと思います。すでに著作物が存在すると知らずに，同じような著作物を制作した場合も，著作権侵害となるのですか？

**A** このような場合は，著作権侵害とはなりません（最高裁昭和53年9月7日判決）。裏を返せば，著作権侵害とは，すでに存在する著作物に依拠して，新たな著作物を制作した場合です。

著作権侵害の裁判では，訴える側（すでに存在する著作物の著作権者側）が，依拠されたことを証明する責任を負います。ただし，相手の制作現場を見たわけでなければ，依拠されたことを直接的に証明することは困難です。そのため，実際の裁判では，相手は著作物に接する機会があったこと（すでに存在することを知っていたはず），著作物が細部まで類似していること（依拠しなければこんな精巧な著作物は制作できないはず）などの，さまざまな事情によって判断されます。

## Q21　著作権法違反であると知らなかった場合

**Q** 以前，同僚から，「教育目的であれば著作物を利用できる」と聞いたので，企業向けの「新入社員教育研修」を実施する際に，参考となる書籍のコピーを配布していました。この本を読むまで，著作権についてあまり勉強したことがなく，てっきり企業向けの「教育研修」であっても，著作権法上の「教育目的」だと100％信じていたのです……。それでも，やはり刑事罰には問われてしまうのですか？

**A** 刑事罰は，原則として，故意（知っていてあえて犯罪行為を行った場合）でなければ処罰されません*26。この背景には，「責任主義」という考えがあります。これは，「悪いことと知っていたにもかかわらず（思いとどまる機会があったにもかかわらず），あえて悪いことをしたのだから，罰を与えられても仕方がない」という考え方です。

　しかし，この考えを突き詰めていくと，「著作権法なんて聞いたことも見たこともありません」と開き直れば，故意がなかったことになり，無罪になってしまいます。それでは，法律を知らないほうが得をすることになってしまい，世の中がメチャクチャになってしまいます。

　そこで，「知らなかった」として許されるのは，法律を知らなかった場合（「法律の錯誤」と言います）ではなく，法律違反となる前提事実を知らなかった場合（「事実の錯誤」と言います）に限定されます。た

---

＊26　故意ではなく過失（不注意）の場合であっても，特別な規定があれば処罰の対象となりますが（たとえば，刑法121条の業務上過失致死傷罪），著作権法には過失の処罰規定は定められていません。

とえば，この事例では，著作権法違反となる前提事実（書籍コピーを配布したこと）に誤認はなく，法律（「新入社員教育研修」は著作権法上の「教育目的」に当たるか否か）に誤認があった場合ですので，著作権法違反となります。

　なお，法教育が浸透してない日本社会では，法律を知らなかったことで責められるのは酷な面もあるため，刑法38条3項は，「法律を知らなかったとしても，そのことによって，罪を犯す意思がなかったとすることはできない。ただし，情状により，その刑を減軽することができる」と定めています。

## Q22 著作権法違反を発見した場合

> 複数のメンバーで講演会を企画して，運営することになりましたが，講師役の人が，書籍のコピーを配布資料として配ろうと言い出しました。講師役の人には誰も逆らえない雰囲気なのですが，他のメンバーも責任を負うのでしょうか？

Q19で解説したとおり，著作権を侵害すると，「10年以下の懲役，1,000万円以下の罰金」に問われます（著作権法119条1項）。その場に居合わせたメンバーは，単に黙認していただけでは，「共犯」（刑法60条）や「幇助犯」（刑法62条）として罰せられる可能性は低いですが，書籍コピーの作成や配布を手伝ったり，講演料などの利益を享受したりした場合は，積極的に加担したと評価され，「共犯」や「幇助犯」として罰せられる可能性があります。

また，刑事罰までは問われなくても，民事の損害賠償の場面では，他のメンバーが連帯して賠償責任を負う可能性があります[27]。その際は，どの程度積極的に加担したかという観点や，講師役の行為を止めることが期待できたかどうかという観点も，判断材料になります。講師役が年配者や上位職位者である場合，現実的には行為を止められないこともあるでしょうが，利益を享受するなど積極的に加担していた場合は，免責されない可能性もありますので，注意してください。

---

[27] 民事の賠償責任では，故意だけでなく過失の場合も含まれます。

## ●コラム 3● 刑事罰の実際

　著作権などのビジネス関連法規の解説本を読むと，「○○違反には罰則（懲役1年以下，罰金50万以下）があります」と書かれていることがあります。しかし，これだけを読んでも，その法律に違反した場合に必ず罰せられるのか，罰せられるとしてどれくらいの重さなのか，実際のところどうなのか分からないと思います。

　ご存じの方もいるかと思いますが，刑事罰のある法律に違反したとしても，必ず罰せられるわけではありません（だからといって，法律違反をしてよいと促しているわけではありません！）。

　まず，刑事罰というと，「逮捕」というイメージがありますが，必ず逮捕されるわけではありません（法務省の『令和2年版 犯罪白書』によると，逮捕された割合〈身柄率〉は35.7％です）。重大な犯罪であって，逃亡の可能性や証拠隠滅の可能性がある場合に，逮捕されます。ビジネス関連でいえば，たとえば「青汁王子事件[*28]」のように巨額の脱税をしたり，「漫画村事件[*29]」のように大々的に著作権を侵害した場合に逮捕されます。

　また，仮に逮捕されたとしても，必ず起訴される（刑事裁判にかけられる）わけではありません。起訴するかどうかは，警察ではなく検察官が決めるのですが，その際に，結果の重大性，示談成立の有無，行為の悪質性，前科の有無などが，総合考慮されます（同『犯罪白書』によると，1年間に全国の検察庁が処理した約90万件のうち，起訴されたのが約28万件で，不起訴となったのが約58万件，家庭裁判所送致となっ

----

[*28]　"青汁王子"とマスコミで紹介された飲料販売会社社長が，1億8千万円を脱税した法人税法違反の容疑で平成31年2月12日に逮捕され，令和元年9月5日，東京地方裁判所において，懲役2年執行猶予4年の有罪判決が言い渡された事件。

[*29]　人気漫画をインターネット上に無断で公開した海賊版サイト「漫画村」の運営者が，著作権法違反等の容疑で令和元年9月24日に逮捕され，令和3年6月2日，福岡地方裁判所において，懲役3年，罰金1千万円，追徴金約6200万円の有罪判決が言い渡された事件。

たのが約4万件です)。

　さらに，仮に刑事裁判にかけられたとしても，必ず懲役となる（刑務所へ行く）わけではありません。罰則で「懲役○年，罰金○万円以下」と定められていても，検察官の起訴判断と同様に，裁判官の判断によって，結果の重大性，示談成立の有無，行為の悪質性，前科の有無などが総合考慮され，軽い刑（罰金刑）になったり，執行猶予が付いたりします（同『犯罪白書』によると，1年間に裁判所が判決を出した約25万件のうち，実刑〈刑務所で服役〉となったのは約1万8,000件，執行猶予となったのは約3万1,000件，罰金刑となったのは約19万4,000件，無罪は96件です）。

　以上のように，カウンセラーや研修講師の皆さんが，仮に著作権法などに違反したとしても，必ず逮捕され，必ず刑事裁判にかけられ，必ず刑務所へ行く，というわけではありません（繰り返しますが，だからといって，法律違反をしてよいと促しているわけではありません！）。

　現実問題としては，皆さん個人のイメージや信用が低下し，ひいては所属団体のイメージや信用が低下することが懸念されます。カウンセラーや研修講師の基本姿勢は「他人を尊重すること」ですが，著作権に無頓着であることは，この基本姿勢に反するからです。

# 第2章
# 契約トラブル

カウンセラーや研修講師の皆さんは，クライアントや取引先との間で，サービスを提供する義務を負い，その対価（料金）を受け取る権利を得る，という契約関係に入ります。そこで第2章では，この契約関係について，法的観点から検討してみます。

また，契約書を作らなかったために後でトラブルになることがありますが，契約書を作る意義や，作らなかったときの対処法を解説します。さらに，新型コロナウイルス感染症によって，どの業界であっても，これまで予期しなかったような契約問題が発生していますので，それについても検討を試みます。

一方，読者の皆さんは，サービスを受ける側（研修などに参加する側）に回ることもあると思います。その際に，誇大広告に踊らされたり，怪しげで高額なサービスの被害に遭わない方法についても触れてみます。

私は，心理カウンセラーと企業向け研修講師として，
10年の経験があります。

　現在，「仕事でやりがいを見出せない」との主訴で，カウン
セリングを月1回のペースで，1年近く続けているクライアン
トがいます。ところが先日，クライアントから，「次回はキャ
ンセルします」「1年も通っているのに何も変わらない。料金
を返してください」とメールが届きました。

　たしかに，なかなか改善する兆しが見えてこないので，ク
ライアントには力不足で申し訳ないと思っていますが，料金
を返さないといけないのでしょうか？

　また，先日ある企業から，「若手社員のためのモチベーショ
ンアップ」とのテーマで企業内研修をしてほしいと依頼を受
け，講義，ワーク，グループディスカッションを交え，2日間
の研修会を行いました。研修終了後，受講者へアンケートを
実施しましたが，そこには「研修を受ける意味が分からない」
「退屈だった」などと，辛らつなコメントが複数含まれていま
した。

　後日，企業の担当者から，「アンケートを拝見しましたが，
あまり効果がなかったようです。申し上げにくいのですが，
弊社の役員が不満を述べております。料金を半分返していた
だくことは可能でしょうか？」と連絡がありましたが，応じ
なければいけないのでしょうか？

**A** 第2章, 第3章で, さまざまな契約トラブルやクレーム対応を検討するために, まず, カウンセリングや研修講師の法的性質を確認します。

## (1) カウンセリング

　カウンセラーは, クライアントとの間で「カウンセリング契約」などの契約を結ぶことになりますが, 法的には民法上の「準委任契約」(民法656条) となります[*30]。

　「準委任契約」という名称は馴染みが薄いと思いますが, 民法には「委任契約」という契約類型があり, これは契約締結などの法律行為を委任することです (たとえば, 弁護士に不動産売買契約の代理を依頼すること)。一方, 法律行為以外の事実行為を委任すること (たとえば, 医者に治療を依頼すること) を, 法律行為に「準じる」という意味で, 「準委任契約」と言います。

　準委任契約と似ている契約に, 「請負契約」(民法632条) があります (たとえば, 建築会社に家の建築を依頼すること)。請負契約と準委任契約は, 事実行為を扱う点は同じですが, 結果を約束するかどうかが異なります[*31]。つまり, 請負契約の例 (建築) では, 家の完成という結果を約束するものですが, 準委任契約の例 (医療) では, 病気を治すという結果を約束するものではありません。

　準委任契約が約束するのは, 結果ではなく, 「委任の本旨に従い, 善良な管理者の注意をもって, 委任事務を処理する義務 (善管注意義務)」

---

[*30]　法的性質は, 契約名だけで決まるわけではなく, 契約の実質的な内容によって決まります。したがって, 必ず「カウンセリング契約」や「研修業務委託契約」との名称を付けなければならないわけではありません。

[*31]　ちなみに, 「業務委託契約」は民法に定めがあるわけではないので, 具体的な内容によって, 請負契約か準委任契約か (あるいは両方の性質を併せ持つ契約か) 判断されます。

（民法644条）です。かみ砕いて言えば，「全力で取り組みます」という
プロセスを約束するというものです。そうすると，カウンセリング契約
は，主訴が改善するという結果を約束するものではなく，「全力で取り
組みます」というプロセスを約束するものなので，準委任契約となりま
す。したがって，事例の場合，クライアントが満足する結果が出なかっ
たとしても，カウンセラーとして全力を尽くしていたのであれば，返金
する必要はありません。

　なお，準委任契約は，有償であっても無償であっても成立しますの
で，無償（ボランティア）だからといって，「全力で取り組みます」と
いう善管注意義務が軽減されるわけではありません。

## （2）研修講師

　研修講師は依頼主との間で，「研修業務委託契約」などの契約を結ぶ
ことになりますが，これもカウンセリングと同様に「受講者の能力アッ
プ」などの結果を約束するものではなく，「全力で取り組みます」とい
うプロセスを約束するものなので，「準委任契約」（民法656条）となり
ます[32]。

　したがって，事例の場合，依頼主の企業が満足する結果が出なかった
としても，研修講師として全力を尽くしていたのであれば，返金する必
要はありません。

---

[32]　ただし，依頼主から特定の資料を作成するよう依頼があった場合，その部分につ
　　いては，「請負契約」の性質を有することになります（記事のライティング依頼も，
　　同様に請負契約となります）。

## Q24 契約キャンセル

**Q** 　1カ月前，ある企業から管理職向けのキャリアデザイン研修（オンライン）の依頼がありました（料金は10万円）。そのため，10時間近くかけて，PowerPointのスライドやレジュメを準備してきました。

　すると，研修前日になって，担当者から，「すみません，参加者の中に新型コロナウイルスの感染者が出まして……。社内が混乱しているので，申し訳ありませんが研修はキャンセルさせてください」と連絡がありました。契約書は特に作っていないのですが，一部でも料金をもらうことはできないのでしょうか？

**A** 　先のQ23で解説したように，研修講師の依頼は，準委任契約となります。準委任契約は，「各当事者がいつでもその解除をすることができる」（民法651条1項）とされています。

　しかし，それでは作業の途中で解除された場合に困るので，①依頼主に責任を負わせることができない理由によって終了した場合，すでに作業した割合に応じて報酬を請求することができる（民法648条3項），②やむを得ない理由がないにもかかわらず，相手方に不利な時期に解除したときは，損害を賠償しなければならない（民法651条2項），とされています。

　それでは，新型コロナウイルス感染症は，「依頼主に責任を負わせることができない理由」や，「やむを得ない理由」に該当するでしょうか。

　これについては執筆現在，法律実務においてもさまざまな見解があり，統一されているわけではありません。その理由として，新型コロナ

ウイルス感染症によって影響を受ける程度は，業種や契約内容によって違い，また，地域（緊急事態宣言等の行政措置の有無・程度）によっても違うため，一律に判断することが難しいからです。そのため，個別具体的に判断することになります。

　事例の場合，オンライン研修ですから，参加者の中に感染者が出たとしても，研修を実施することは可能と思われます。そうすると，「依頼主に責任を負わせることができない理由」とも，「やむを得ない理由」とも言えないので，研修講師は報酬の一部（あるいは損害）を請求することができます。

　この場合，仮に研修を完遂していれば準備も含めて 20 時間程度を要したのであれば，すでに費やした 10 時間分の報酬（10 万円の半分）になるでしょう。

## Q 25　契約書の意義

**Q** 私は心理カウンセラーとして開業しています。友人の紹介で，ある中堅企業から，メンタルヘルスのセルフマネジメントに関する社内研修を企画しているので，資料を作成してほしいと頼まれました。企業の担当者とはオンラインで短時間挨拶をした程度で，あとは友人を介してメールで連絡するだけでした。

　資料がほぼ完成したので友人にメールで送ったところ，「ごめんなさい！　先方から社内研修を中止すると連絡があって……この話はなかったことにしてください」と返信がありました。私は納得できなかったので，担当者へ直接電話したところ，「おたくと契約したわけではありませんよ。だって契約書も作っていないでしょ？」と言われました。私は泣き寝入りするしかないのでしょうか？

**A** 契約書を作らなかったときのトラブルを考えるために，契約書を作る意味，作らなかったときの対策など解説します。

### (1) 契約書を作る意味

　皆さんも聞いたことがあるかと思いますが，契約書がなくても（口約束であっても），契約は成立します[*33]。

　仕事が順調に進み，滞りなく料金が支払われているときは，契約書が

---

[*33]　ただし，書面を作成しないと契約が成立しない特殊な契約例があります。保証契約（民法446条2項），更新しない約束をする定期借家契約（借地借家法38条1項）などです。

なくても問題ありません。ところが，①そもそも契約が成立したかどうか争いになった場合や，②契約成立に争いはないとしても，細かい内容で認識の食い違いが生じた場合には，契約書が存在しないとトラブルが生じてしまいます。このように，契約書を作ることには，紛争を防止するという意味があります。

　ちなみに，契約書に記載されている事項は，たとえ当事者同士が合意したとしても，法律的にすべて有効になるわけではありません。たとえば，「時給100円で何でも言うことを聞いて働きます」という約束も，ある種の契約ではありますが，公序良俗に反する（社会的に許容すべきではない）ので，無効となります（民法90条）。また，Q26で解説する「一切の責任を負いません」との免責条項も，消費者契約法によって無効となります。

## （2）契約書がない場合

　契約書が存在せず，契約の成立が争いになっている場合は，メールやFAXなど，当事者間のやり取りを材料として契約の成否が判断されます。たとえば，メールで「○月○日までに○○をお願いします」と申し入れた後，「分かりました」と返信があれば，契約が成立したと推定されます。

　ところで，皆さんもカウンセラーや研修講師の活動のなかで，お客さん相手に「契約書を作ってください」とわざわざお願いするのは堅苦しいと感じ，契約書を作成せずに仕事を進めることもあると思います。そのような場合は，後になって「契約していない」と言われないように，メールなどで仕事内容，料金，納期など，最低限の事項は確認して，記録に残しておくべきです。

　また，前述したとおり，契約書を作らなかったとしても，契約が成立しないわけではありません。契約書が存在しない場合は，民法，商法な

どの一般的な法律によって，当事者間の権利や義務が決められます。た
とえば，カウンセリングや研修講師に適用される準委任契約では，受任
者の善管注意義務（民法644条），受任者の報告義務（民法645条），委任
の解除（民法651条），委任の終了事由（民法653条）などが定められてい
ます。

　さらに，商法上の商人[*34]であれば，あらかじめ料金を決めなかった
場合や報酬の約束をしなかった場合でも，仕事の出来に応じて料金を請
求することができます（商法512条）。その場合の料金は，かかった時間
や労力，業界の相場などを参考にして判断することになります。


## (3) 契約書の書式

　契約書や利用規約（約款）を作りたいとき，インターネットで検索し
て，書式を公開しているWEBサイトから拝借しようと思ったことはな
いでしょうか。その場合の注意点を，2つ指摘します。

　まず，著作権の観点から，契約条項や規約は約束事を文章化したもの
なので，よほど創作性がない限り，著作物の定義である「思想又は感情
を創作的に表現したもの」（著作権法2条1項1号）には該当しません
（Q3参照）。現実的に考えても，契約条項に著作権が認められてしまう
と，自由に不動産売買契約書を交わしたり，労働契約書を交わすことが
できなくなってしまいます。したがって，著作物に当たらないWEBサ
イト上の契約書式や利用規約を，サイト運営者の許可なく利用すること
は可能です。

　次に，WEBサイト上の契約書式や利用規約をそのまま利用すると，

---

[*34]　会社であれば商人に該当しますが（会社法5条，商法4条1項），個人経営のカ
ウンセラーや研修講師は，商法上の商行為をするわけではないので（商法501条，
502条），商人に該当しません。したがって，商人として商法512条の適用を受け
たい場合は，会社を作る必要があります。

不合理な結果を招くことがあります。たとえば，大企業同士の取引を想定した契約書を，個人間の取引にそのまま利用しようとしても，無駄に長大な内容となってしまうでしょう。また，自分に不利な内容であるにもかかわらず，それに気づかず，WEB サイト上の契約書式を使っている例も散見されます。

　したがって，契約当事者の属性や力関係，予測されるトラブルの内容や頻度について，弁護士などの専門家へ伝えて，オーダーメイドで契約書を作ることが望ましいです（それほど複雑な内容でなければ，数万円程度で作成してもらえます）。

　オーダーメイドで作ることが望ましいと言っておきながらやや矛盾しますが，依頼する際の材料（たたき台）の趣旨で，巻末資料に「カウンセリング契約書（兼同意書）」と「研修業務委託契約書」のサンプルを掲載しますので，参考になさってください[35]。

---

[35]　弁護士など専門家へ契約書作成を依頼するとき，たたき台があったほうが，料金は安くすむ場合が多いです。

## Q 26 受講者同士のトラブルに対する運営側の責任

**Q** 　私は，アンガーマネジメントの研修講師をしています。ある研修で，受講者４名ずつのグループを作って，用意したテーマについて討議と発表をするワークを行いました。

　ところが，あるグループで，受講者同士が口論となりました。冷静にさせるため急遽休み時間を設定しましたが，ワークを再開したところ，ついに殴り合いの喧嘩となってしまいました。後日，殴られた側の受講者から，「あんな人と同じグループにするなんてひどいです。責任を取って，治療費と慰謝料を払ってください」と連絡がありました。

　研修の規約には，「研修中に生じたあらゆる損害について一切の責任を負いません」との条項がありますが，それでも運営側は責任を負う必要があるのでしょうか？

**A** 　集団内で起きたトラブルについて，直接の加害者でなくても，集団を管理運営する側が責任を問われることがあります。典型的な例は，会社内での従業員同士のパワハラ，学校内での生徒同士のケンカ，介護施設内での利用者同士のトラブルなどです。その際の法的な考え方に，「安全配慮義務」というものがあります。

### （1）安全配慮義務

　安全配慮義務は，たとえ契約書に明記されていなくても，契約関係にある当事者間で当然に発生するものです[*36]。安全配慮義務について最高裁は，「ある法律関係に基づいて特別な社会的接触の関係に入った当

事者間において，当該法律関係の付随義務として当事者の一方又は双方が相手方に対して法令上負う義務」(最高裁昭和50年2月25日判決) と定義しましたが，かみ砕いて言うと，「契約の相手が何らかのトラブルに巻き込まれて損害を受けないように，目を配る義務」というものです。

そして，Q23で解説したように，研修講師 (研修運営側) と受講者との間には，準委任契約 (民法656条) という契約関係が発生します。この契約関係における安全配慮義務は，「研修運営側は，受講中に受講者が怪我をしたり健康を害したりしないように，配慮する義務を負う」ということになります。

ただし，相手に起きたトラブルについて，何でもかんでも責任を負うわけではありません (もし，そのような重い責任を負わされると，誰も怖くて契約をしなくなるでしょう)。そのため，安全配慮義務は，①結果が予見できて，②結果を回避する義務があったにもかかわらず，それを怠ったと評価される場合に，責任が認められることなります。

まず，①結果の予見可能性を検討する趣旨は，予見できないトラブルまで，責任を負わせることは酷だからです。たとえば，学校内でのケンカであれば，その生徒同士は普段から仲が悪く，すでに何度かケンカをしていることを学校側が把握していれば，学校側に予見可能性は認められることになります。一方，学校側が予兆も含めてまったく把握できなかった学外での生徒同士のケンカについてまで，学校側に責任を負わせるのは酷でしょう。

次に，②結果回避義務を検討する趣旨は，理論的に結果を回避できる手段が想定されるとき，その手段を講じるよう求めることの妥当性 (あまりに現実離れした手段を講じるよう求めることは酷ではないか) を検

---

＊36　労働契約においては，「使用者は，労働契約に伴い，労働者がその生命，身体等の安全を確保しつつ労働することができるよう，必要な配慮をするものとする」(労働契約法5条) と明記されています。

討するためです。たとえば，ケンカの例で，生徒が包丁を振り回して怪我を負わせた場合，教師（学校側）に生命の危険を冒してまで包丁を取り上げる義務を負わせるのは酷でしょう。

## (2) 事例の検討

以上を踏まえてこの事例を，①予見可能性，②結果回避義務の順に検討します。

まず，受講者同士が最初にケンカを始めた時点では，予見可能性を認めることができないでしょう（事前に，○○さんと○○さんは仲が悪い，と情報が入っていれば別ですが）。一方，休み時間を挟んだ後は，「再びケンカになるかもしれない」との予見可能性が認められます。

次に，結果回避義務ですが，再びケンカが発生することを防止する手段として，思い切って研修を中止する，研修を中断して仲直りするまで話し合いを持つ，当該受講者を別々のグループに再編して再開する，などが考えられます。このうち，研修中止まで求めるのは研修運営側に酷でしょうが，グループ再編であれば酷とまで言えないでしょう。

そうすると，研修運営側は安全配慮義務に違反したとして，怪我をした受講者に対して損害賠償責任を負う可能性があります。

## (3) 直接の加害者との関係

読者の皆さんのなかには，「暴力を振るった加害者が一番悪いに決まっているのに，なぜ研修運営側が責任を負わなければならないのか」と疑問を抱いた方もおられるかと思います（もっともな疑問です）。

ただ，法律的には，誰に対して責任を追及するかは，被害者側の自由なのです。被害者側は，直接の加害者に対してだけ責任追及することもできますし，両者に対して連帯責任を求めることもできます。

仮に，被害者が研修運営側に対してだけ損害を請求してきた場合，連

帯責任として研修運営側は全額の賠償をしなければなりません。研修運営側としては，直接の加害者も負担すべき額を立て替えていることになるので，負担割合に応じて，直接の加害者へ求償請求することができます（民法442条1項）。

この場合の負担割合は一律に決められているわけではなく，個別の事案ごとに判断されます。この事例の場合は，直接の加害者のほうが，研修運営側よりも多く負担（たとえば8対2）することになるでしょう。

## （4）過失相殺

仮に，被害者側にも何らかの落ち度がある場合（たとえば，被害者側が挑発的言動を取った場合），損害を公平に分担するという趣旨から，損害額が割合的に減額されます（Q37参照）。

## （5）免責条項

さまざまなサービスの場面で，利用規約に，「あらゆる損害について一切の責任を負いかねます」との免責条項が入っていることが多々あります。これは一種の契約なので，お客さん（消費者）がそれに同意して申し込んでいる以上，事業者側は責任を負わなくて済むようにも思えます。

しかし，消費者は，利用規約の内容を十分吟味したうえで申し込むことは稀で，仮に吟味したとしても，「この条項を外してください」と交渉して申し込むことは事実上不可能です。そこで，消費者の利益を保護するため，消費者契約法8条1項は，事業者側の責任（故意・過失）より生じた損害を一切免責する条項を無効としています[37]。

したがって，「あらゆる損害について一切の責任を負いかねます」との免責条項を利用規約に定めたとしても，無効となるのです（裏を返せば，「事業者側の過失によって生じた損害賠償の上限は，○○万円とし

ます」との条項は，有効になります）。

　それでは，無効となるにもかかわらず，世の中にはなぜ免責条項が
堂々と存在しているのでしょうか。単に事業者側が深く考えていない
（どこかの利用規約をコピペして使っている）こともあるでしょうが，
法律に明るくない消費者に対して，賠償請求を断念させるという効果も
あります。たとえ事業者側に過失があったしても，利用規約に「一切の
責任を負いません」と書いてあれば，そのまま受け入れる消費者も一定
程度は存在するからです。

　ただ，消費者の無知に付け込むような振る舞いは，褒められたもので
はありません。特に，カウンセラーや研修講師の皆さんは，「相手を尊
重する」のが基本姿勢ですから，利用規約も誠実な内容とすることが望
ましいです。

---

＊37　消費者契約法8条1項は，事業者側の故意・重過失によって生じた損害の一部を
　　免除する（賠償の上限を定める）条項も無効としています。なお，消費者契約法
　　は，事業者対消費者（B to C）の契約に適用されるため，事業者対事業者（B to B）
　　には適用されません。

**Q** 緊急事態宣言が解除されたので，研修会場に受講者を招いて研修会を実施しました。受講者のマスク着用義務，入口での検温，2メートル以上距離を空けて着席など，感染防止対策を施しました。

ところが，5日後，受講者の一人からPCR検査を受けたところ陽性だったと報告がありました。急いで他の受講者に連絡し，PCR検査を受けるよう勧めたところ，他にも10名が感染していることが判明しました（いわゆるクラスターの発生）。すると，複数の受講者から，「おたくの感染対策が不十分だったから感染してしまった。どう責任を取るつもりですか！」と言われました。私は違法行為をしてしまったのでしょうか？

**A** 先のQ26で解説したように，研修運営側は，受講者に対して安全配慮義務を負っており，①予見可能性，②結果回避義務の観点から責任の有無が判断されます。

まず，①予見可能性ですが，まだ日本国内で新型コロナウイルスが確認されていなかった時期（海外での報告例が出始めた時期）であれば，予見可能性は否定されるでしょうが，世界中に感染が拡大して蔓延した時期以降は，たとえ緊急事態宣言が解除されたとしても，予見可能性は否定されないでしょう。

次に，②結果回避義務ですが，新型インフルエンザ等対策特別措置法4条2項によると「事業者は新型インフルエンザ等のまん延により生じる影響を考慮し，その事業の実施に適切な措置を講ずるよう努めなければならない」と定められています*38。これを受けて，各業界団体は担

当省庁と連携して，感染予防対策のガイドラインを策定しています[*39]。

　研修講師やカウンセラーに直接当てはまるガイドラインは存在しないようですが，参考となるガイドラインとして，「公益社団法人 全国学習塾協会[*40]」「公益社団法人 全国公民館連合会[*41]」「公益社団法人 日本アロマ環境協会[*42]」などが策定しているガイドラインがあります。

　たとえば，日本アロマ環境協会のガイドラインの「サロン編」では，施術者およびスタッフの対策として，毎日検温し，発熱（目安 37.5 度以上）や，全身倦怠感などの症状があるか確認することなどを定め，お客様の対策として，マスク着用をお願いすることや，連絡先を教えてもらうことなどを定めています。

　そうすると，研修会を実施するにあたって，これらのガイドラインと同等の感染対策を施していたならば，原則として，結果回避義務に違反していたとは評価されないでしょう。

　ただし，その地域で感染者数が爆発的に増加しており，緊急事態宣言など自治体から自粛要請が出ており，他の類似の研修会は軒並み中止されたりオンラインに切り替わっているような状況だった場合は，たとえガイドラインに沿った感染対策を施していたとしても，結果回避措置として研修会を中止するべきであった（あるいは，オンラインへ切り替えるべきであった）と判断され，安全配慮義務違反による責任を負う可能性もあります。

---

*38　ここでいう「新型インフルエンザ等」には，新型コロナウイルスも含まれています。

*39　内閣官房［https://corona.go.jp/prevention/pdf/guideline.pdf］

*40　全国学習塾協会［https://jja.or.jp/info/］

*41　全国公民館連合会［https://www.kominkan.or.jp/index.html］

*42　日本アロマ環境協会［https://www.aromakankyo.or.jp/］

料金未払いへの対応

**Q** 私は，心理カウンセラーとして開業しています。カ
ウンセリングでは，1回50分，5,500円（税込）の
料金をいただいています。

あるクライアントと，これまで3回のカウンセリングを行
いましたが，料金の支払いをお願いしても，「あー，現金を忘
れてきました。次回まとめて払います！」と言うばかりです。
先日，4回目のカウンセリングの予定でしたが，クライアント
は現れず，連絡しても返事がありません。未払い料金を払っ
てもらうためには，どうしたらよいでしょうか？

**A** 未払い料金の回収について，いくつか方法がありますが，コ
スト（費用対効果）の観点からメリット，デメリットを検討す
る必要があります。

### （1）任意の請求

まず，任意に支払うよう催促することが考えられます。クライアント
に対して請求書を送ることにためらいを感じることもあるでしょうが，
お金の問題はきちんと対処すべきです。

お金を支払わない人は，他にも債権者（支払先）がいることが多いの
で，おとなしくしていると，いつまで経っても後回しにされてしまいま
す。そこで，内容証明郵便で請求書を送ることで，こちら側の「本気
度」を示し，優先的に支払ってもらうようにすべきです。

## (2) 法的手段

　内容証明郵便を送っても支払う気配が見られない場合，法的手続きを検討することになります。

　簡易裁判所へ申立てる「支払い督促」は，弁護士へ依頼しなくても利用できる簡易な制度ですが，相手が異議を出すと正式裁判へ移行するので，異議を出されること（時間稼ぎをされること）が予想される場合，時間の無駄になってしまいます。

　民事調停は，話し合いを裁判所が仲介する制度で，弁護士へ依頼しなくても利用できますが，相手が合意しないと成立しないので，相手が誠実に対応しないことが予想される場合，やはり時間の無駄になってしまいます。

　民事裁判は，相手が出頭しなかったり，相手が不合理な言い訳をして時間稼ぎをした場合でも，証拠が揃っていれば請求が認められます。ただし，さまざまな法律的な手続きが必要となるので，弁護士へ依頼したほうが無難です。

## (3) 債権回収の注意点

### ① 時効に注意

　法律的に料金を請求する権利があることが明白であっても，未払い債権を長期間放置しておくと，時効によって債権が消滅してしまうので注意が必要です。民法166条1項1号では，「権利を行使することができることを知ったときから5年間」で時効消滅する，と定められています。カウンセラーや研修講師の場合，通常は，カウンセリングが終わったときから5年間，研修が終わったときから5年間となるでしょう。

### ② 回収可能性の問題

　わざわざ裁判を起こして勝訴したとしても，裁判所がサービスとして相手からお金を取り立ててくれるわけではありません。こちら側で相手

の財産を探し出して，別途，裁判所に対して強制執行（差押え）を申し立てる必要があります。ところが，相手の財産を探し出すことは簡単ではありませんし，うまく財産を調査しても，本当に財産が存在しないこともあります。そのような場合，せっかく時間と費用をかけて裁判を起こしたのに，回収不能（泣き寝入り）となってしまうのです。

## （3）コスト（費用対効果）の観点

この事例のように数万円の未払いであれば，裁判を起こすとなると，時間や労力の観点から見合わないことが多いでしょう（しかも弁護士へ依頼すると，赤字になります[43]）。かといって，未払いの「逃げ得」を許してしまうのはとても理不尽なものですから，コストを度外視してでも筋を通すこと（法的手段を使ってでも回収すること）も，立派な選択だと思います。

筆者が弁護士として感じるのは，このコスト（費用対効果）を悪用する輩がいるという点です。つまり，10〜50万円程度であれば，回収するコストに見合わないこともあるので，それを知ってわざと踏み倒そうする輩がいるのです。たとえば，30万円の未払いであれば，強制執行（差押え）で回収するとなると，弁護士費用や裁判費用で半分以上費やされてしまいますし，時間もかかりますので，諦めてしまう人も多いのです（一方，100万円以上の未払いであれば，弁護士費用をかけてでも回収しようと考えるでしょう）。そのため，情報商材ビジネスなど怪しげな商法の場合，返金を求めることを見合わなくするため，料金が10〜50万円程度であることが多いのです。

---

[43] 裁判では，未払いについて遅延損害金（年3％）を請求することはできますが，弁護士費用を請求することは，不法行為の場合などを除いて，認められていません。少額の裁判であっても，弁護士費用は最低でも5〜10万円はかかりますので，未払い料金が同程度であれば，赤字になってしまうのです。

## ●コラム4● 悪徳商法に騙されないために

読者の皆さんも，研鑽を積むなかで，受講者やクライアントの立場になることがあると思います。その際，怪しげな商法や悪徳商法に騙されないために，いくつかコメントします。

### (1) 心理学の駆使

「霊感商法」「マルチ商法」「催眠商法」「資格商法」「ネットワークビジネス」など，聞いたこともあるかと思いますが，悪徳商法は時代の流れに沿ってかたちを変えながら，古今東西，常に存在しています。悪徳商法は，「人間は○○の状況に置かれると，○○という行動を選びやすい」という社会心理学，大衆心理学，消費者心理学といった心理学が駆使されています。これは，カルト宗教にも通じるところがあります。

その手口は巧妙なので，一度入り込んでしまうと簡単に抜けることは難しいのですが，被害に遭わないために，①閉鎖的な空間と，②高額の料金，という点に注意してください。

まず，①閉鎖的な空間ですが，「私たちの団体だけを信じなさい」「家族や友だちの言うことは信じてはいけません」と，外部からの情報を遮断しようとする場合は注意してください。

カウンセリングや自己啓発の内容が自然科学（サイエンス）に基づく方法である場合，情報を遮断する必要はありません。サイエンスは，開かれた議論のなかで，批判を受けることを当然の前提として発展するものです。そのため，外部からの情報を遮断しようとしたり，質問しても正面から答えようとしなかったり，批判を受け付けようとしないのは，サイエンスではなく「妄信」です。

次に，②高額な料金ですが，料金の基準（目安）は，冷静に利益構造を考えてみると分かります。自分で研修会やカウンセリングを企画運営したことがある方は分かりやすいと思いますが，たとえば定員30人で，5日間の研修会（セミナー）を開く場合，会場費用，広告宣伝費用，ス

タッフ人件費，雑費などの固定費は，おおよそ算定できます（1日当たり20〜30万円くらい，5日間で100〜150万円くらいでしょうか）。これに対して，参加費が一人30万円だった場合，900万円 − 150万円 = 750万円程度が運営側の儲けとなります。

このような利益構造であった場合，皆さんはどう感じますか。もちろん，定員を割ってしまうリスクもあるので，一概に儲けが多過ぎるとは言いませんが，皆さんが普段利用している研修会の料金と比べてみてください。

さらに，高額な料金には巧妙な仕掛けがあります。人間は，「高い料金であればきっと素晴らしい内容に違いない」と思いがちです。ところが，実際に参加してみると，正直言ってイマイチな内容だった場合でも，「素晴らしい内容だった」と自ら信じ込もうとするのです。

これは，心理学を学んだ方はお馴染みの，認知的一貫性（認知的不協和）という理論で説明できると思います。つまり，高い料金を払ったという事実は変えられないので，「お金をドブに捨てた」「騙された」など不快感を抱くのを避けるために，「それほど悪い内容ではなかった」と，無意識的に感情を変容しようとするのです（『イソップ物語』の酸っぱいぶどうを食べたキツネの逸話も同様です）。そのため，怪しげで中身が薄い商法であるにもかかわらず，それを分かったうえで，運営者側はあえて高額な料金を設定することがあります。

これに加えて，Q28で解説したコストの観点（弁護士に依頼して返金してもらおうとしても，費用対効果で見合わない）も悪用されます。

そうすると，たとえば100人の受講者がいたとして，認知的一貫性によって内容に疑問を抱く人は半分程度で，そのうち弁護士費用を払ってでも返金を求めてくる人は1割程度だった場合，運営側としては，100人 × 0.5 × 0.1 = 5人に対して返金すれば済むのです。そして，この5人には，返金する代わりに，「第三者には返金したことを一切口外しない」との口外禁止条項（口止め）を入れて，示談すればよいのです。

以上のように，悪徳商法には，巧妙な仕掛けがいくつも施されていますので，十分に注意してください。

## (2)「不安」に付け込まれないように

　本来，当事者間で合意した契約は，正当な理由がない限り，一方的に取り消したり解約したりできません。しかし，人間の心理に付け込んで契約させる手法は，社会的に放置すべきではないので，消費者契約法や特定商取引法などの法律によって，困惑勧誘による取消し制度や，クーリングオフ制度などが定められていました。

　ところが，新しい手口が次から次へと出現するため，2018年に消費者契約法が改正され，新たに6つの類型について，契約取消権が定められました。

① 社会経験の不足に付け込んで，進学願望，就職願望，結婚願望などについての不安をあおったり，容姿や体型などのコンプレックスを逆手にとったりして契約させた場合（消費者契約法4条3項3号）。
② 社会経験の不足に付け込んで，恋愛感情を逆手にとって契約させた場合（同4号）。
③ 判断能力の低下に付け込んで，生活や健康への不安をあおって契約させた場合（同5号）。
④ 霊感など実証困難な事柄を持ち出して，不安をあおって契約させた場合（同6号）。
⑤ まだ契約していないのに勝手に契約内容を進めて，「もう今さら元には戻せない」と迫って契約させた場合（同7号）。
⑥「契約しないなら損失を払え」と迫って契約させた場合（同8号）。

　これらの類型では，「不安」に付け込むという点が共通しています。言い換えれば，悪徳商法は人間の「不安」に付け込んでくるのです。
　カウンセラーや研修講師の皆さんは真面目な方が多いので，「今の実力のままでは不安だ」「もっと勉強しないと不安だ」と感じて，研鑽を積む場合もあると思います。たとえ心理学を勉強していたとしても，巧妙な仕掛けに引っかかってしまうこともありますので，「不安」に付け込まれないように注意してください。

**Q**　私は，心理療法を行うカウンセラーとして開業する予定ですが，お客さんを集めるのは大変なので，WEBサイトを利用して集客することを考えています。そこで，次のような宣伝広告を考えていますが，問題ないでしょうか？

「当カウンセリングを受けたお客様のうち，99％の方が効果を実感されました！」

「カウンセリング1回（50分），通常価格1万円のところ，オープン期間限定で5,000円とします！」

また，私はモチベーションアップの研修講師も行う予定で，以前，知人のお子さんに受講してもらったところ，1カ月後に受けた模試で，ある科目の偏差値が10上がったと聞きました。そこで，「お客様の声：モチベーションアップ講座を受けて偏差値が10上がりました！」との表示をして，目立たない場所に「個人差があります」と記そうと思いますが，問題ないでしょうか？

**A**　広告にはさまざまな法規制がありますが，広告が氾濫するなかで規制が追いつかず，違法な誇大広告が野放しになっている例が多々あります。そのため，「この程度の広告は，他でもよく見かけるから問題ないのでは？」と考えてしまいがちです[44]。

そこで，ここではカウンセラーや研修講師の皆さんが広告をする際の

---

* 44　消費者庁の HP では，誰でも知っているような大手企業に対する処分も公表されています［https://www.caa.go.jp/policies/policy/representation/fair_labeling/release/2020/］。

注意点を解説します。

## （1）カウンセリングで医療効果を謳ってもよいか

　医師法 17 条は，「医師でなければ，医業をなしてはならない」と定めており，「医業」とは，「当該行為を行うに当たり，医師の医学的判断及び技術をもってするのでなければ人体に危害を及ぼし，又は危害を及ぼすおそれのある行為（医行為）を，反復継続する意思をもって行うこと[45]」と解釈されています。そのため，カウンセリングや研修の効果として，「うつ病が改善する」「パーソナリティ障害の改善に効果がある」など，「病気が良くなる」という類の医療効果を謳うことはできません。

　したがって，仮にカウンセリングや研修の効果を謳うのであれば，たとえば，「自分の考え方の癖に気づく」「人間関係を円滑にする」など，医療効果以外の内容になります（ただし，断定的な言い回しや他の療法との優良比較などは，後述の景品表示法による規制を受けることになります）。

## （2）健康関連業種の広告規制

　健康関連業種として，医療，医薬品，健康食品などがありますが，まずこれらの広告規制を簡単に解説します。

---

＊45　厚生労働省［https://www.mhlw.go.jp/shingi/2003/02/s0203-2g.html］。また，タトゥーが「医行為」に当たるか争われた事案で，最高裁令和 2 年 9 月 16 日判決は，「医行為とは，医療及び保健指導に属する行為のうち，医師が行うのでなければ保健衛生上危害を生ずるおそれのある行為をいうと解するのが相当である」としたうえで，これに該当するかは，「当該行為の方法や作用のみならず，その目的，行為者と相手方との関係，当該行為が行われる際の具体的な状況，実情や社会における受け止め方等をも考慮した上で，社会通念に照らして判断するのが相当である」と判示し，タトゥーの施術は，「社会通念に照らして，医療及び保健指導に属する行為であるとは認め難く，医行為には当たらない」と結論づけました。

### ① 医師の広告規制

　医師や医療機関が行う広告は，医療法によって規制されており，原則として，医師名，病院名，診療科名に限定されています（医療法6条の5第3項）。そのため，他院との優良比較，誇大広告，体験談，誤認のおそれがある治療ビフォーアフター写真などの広告をすることはできません。健康関連業界のなかでは，最も規制が厳しいと言えるでしょう（医療法以外の一般的な規制も適用されます）。

### ② 医薬品の広告規制

　医薬品や医療機器に関する広告は，医薬品医療機器等法によって規制されており，誇大広告の禁止，特定疾病用の広告制限，承認前の広告の禁止などが定められています。また，WEBサイト上で，口コミによる広告や，購入履歴に基づき自動的に商品を勧めるリコメンド広告も，禁止されています。

### ③ 健康食品

　健康食品に関する広告は，健康増進法によって虚偽や誇大広告が禁止されており，食品表示法や食品衛生法によって優良有利誤認表示が禁止されています。

　以上に対して，心理療法を含むカウンセリングや研修講師に関連する広告規制は，景品表示法のみとなります。なぜこのように規制に違いがあるかというと，おそらく，①医療行為，医薬品，健康食品は，身体に直接的に作用するので副作用が起きやすいが，心理療法は副作用が起きにくい（Q33参照），②食品や医薬品は成分を特定できるので規制対象にしやすいが，心理療法やカウンセリングは内容を特定することが難しい（ロールシャッハ検査などは特定できるが，来談者中心療法などは厳密に内容を特定しにくい），③心理療法やカウンセリングは言葉のやり取りが中心なので，表現の自由を保障する関係から規制になじまない，

という点が考えられます。

## （3）景品表示法

景品表示法では，大きく，商品やサービス内容を誇大に見せること（優良誤認表示）と，価格を割安に見せかけること（有利誤認表示）の2点について規制しています。

### ① 優良誤認表示

商品やサービスの内容について，一般消費者に対して，実際のものやライバル企業のものよりも著しく優良であると示す広告（優良誤認表示）は，禁止されています（景品表示法5条1号）。違反した場合，消費者庁から措置命令を受けたり，課徴金を課されることがあります（景品表示法7条1項，8条1項）。

優良誤認表示の疑いがある場合，消費者庁は，表示の裏付けとなる合理的な資料（実験データ，アンケートデータなど）の提出を求めることができ，合理的な資料を提示できない場合，優良誤認表示とみなされます（景品表示法7条2項）。

最近の例では，「『有名大学がマウス実験で実証』医療関係者も勧める『90%がフサフサになった育毛剤』がヤバイ！」との広告[46]，「ウイルス／バクテリア／カビ 強力除菌99.9%」との広告[47]，「日本一売れている中年太りサポート茶とは?!」「4カ月で5kg減！2年半で43kg減‼」との広告[48]，「糖鎖＋PSで脳を活性化！認知症のリスクを軽減します」「PS（ホスファチジルセリン）はさまざまなお悩みに効果が期待されています。認知症予防，めまい，難聴，物忘れ・冴え，耳鳴り，記憶力・集中力，発達障害，意欲向上」との広告[49]について，根拠を裏付ける合理

---

[46] 令和3年3月3日消費者庁措置命令［https://www.caa.go.jp/notice/entry/023295/］
[47] 令和3年3月4日消費者庁措置命令［https://www.caa.go.jp/notice/entry/023316/］
[48] 令和3年3月23日消費者庁措置命令［https://www.caa.go.jp/notice/entry/023546/］

的な資料の提出がなかったことから，優良誤認表示として処分を公表しています。

　以上を踏まえて事例を検討すると，「当カウンセリングを受けたお客様のうち，99％の方が効果を実感されました！」との広告は，「99％の方が効果」との根拠を裏付ける，合理的な資料が存在しなければなりません。その場合，「99％」の根拠となった人数も問題になるでしょうし，「効果」の定義も問題になるでしょう（少人数から，誘導質問的なアンケートを取っただけでは，消費者庁は不十分と判断するでしょう）。

　なお，裏付けとなる合理的な資料とは，科学的統計的な批判にも耐えうるものでなければなりません。たとえば，「モチベーションアップ研修」を10人に試して，成績が上がった生徒が3人，ほとんど変わらなかった生徒が4人，むしろ下がった生徒が3人いたとします。そのとき，成績が上がった生徒だけ意図的に取り上げて，「モチベーションアップ研修を受けて成績が上がりました！」というのは，統計処理を完全に無視しています。

　自然科学や心理学を学んだ方であれば馴染みがあると思いますが，ある手法の効果を検証するためには，十分な数の被験者と対照群を設定したうえで，的確に設計された実験プロトコールに従って実験を実施し，実験結果を統計的に処理しなければなりません（有利なデータ結果が出るように恣意的に操作された実験条件ではダメです）。

② 有利誤認表示

　価格，値引き，返金条件などについて，一般消費者に対して，実際のものやライバル企業のものよりも著しく有利であると示す広告（有利誤認表示）は，禁止されています（景品表示法5条2号）。違反した場合，消費者庁から措置命令を受けたり，課徴金を課されることがあります

---

＊49　令和3年5月14日消費者庁措置命令［https://www.caa.go.jp/notice/entry/024139/］

（景品表示法 7 条 1 項，8 条 1 項）。

　最近の例では，「メーカー希望小売価格 1,190 円の品を 498 円」との内容の広告について，実際にはメーカー希望小売価格は存在しなかったケース[*50]，「アプリ・WEB で会員登録すれば 4,600 円 OFF」「会員登録キャンペーン期間：2016/5/31 まで」との広告について，実際には 2016年 1 月 1 日から 2017 年 6 月 20 日までのほとんどすべての期間において，値引きされていたケース[*51]があります。

　以上を踏まえて事例を検討すると，「通常価格 1 万円のところ，オープン期間限定で 5,000 円」との広告は，ただちに有利誤認表示とされるわけではありませんが，1 年経っても 5,000 円のままである場合，通常価格の実態が存在しないことになるので，有利誤認表示とされる可能性が高いです。

　また，アリバイ的に短期間だけ通常価格でサービス提供しても，有利誤認表示とみなされますので注意してください（詳しくは，消費者庁の「価格表示ガイドライン」[*52]を参照してください）。

### ③ 打消し表示

　派手な宣伝広告のなかで，「個人の感想です」「効果には個人差があります」などと，小さく表記されているのを見たことがあると思います。これは，誇大広告と誤解されないよう打ち消すための表示で，「打消し表示」と言います。

　たしかに，打消し表示をすれば，クレームがあった場合に，「いや，誤解がないようにちゃんと書いてありますよ。よく読んでください」と弁明できます。しかし，打消し表示が米粒のような小さい字で，端のほ

---

＊50　令和 2 年 6 月 24 日消費者庁措置命令 ［https://www.caa.go.jp/notice/entry/020326/］

＊51　令和 2 年 6 月 24 日消費者庁課徴金 ［https://www.caa.go.jp/notice/entry/020351/］

＊52　価格表示ガイドライン ［https://www.caa.go.jp/policies/policy/representation/
fair_labeling/representation_regulation/double_price/］

うに書かれている場合は，消費者が認識することは容易ではないので，打消し表示として無効とされます（詳しくは，消費者庁の「打消し表示に関する表示方法及び表示内容に関する留意点（実態調査報告書のまとめ）＊53」を参照してください）。

　前記の「4カ月で5kg減！2年半で43kg減‼」との広告には，「適度な運動と食事制限を取り入れた結果であり，実感されない方もいらっしゃいます」との表示がありましたが，消費者庁によって，誤解を打ち消すには不十分（打消し表示として無効）と判断されました。したがって，事例の場合も，目立たない場所に記すだけでは，打消し表示として無効と判断される可能性があります。

## (4) ありのままの宣伝

　以上のように，優良誤認表示や有利誤認表示は想像以上に厳しい内容なのですが，世の中には違反している広告が蔓延しています。その主な理由は，消費者庁の規制が追いついていないためで，残念ながら「やったもん勝ち」という状態です。

　ところで，カウンセラーや研修講師の皆さんは，相手を尊重し，ありのままの自分を認めて成長してもらうことを願っているはずです。そのカウンセラーや研修講師が自らを誇大に見せようとしていたら，お客さん（クライアントや受講者）はどう感じるでしょうか。

　広告によって効率的に集客したい気持ちは分かりますが，カウンセラーや研修講師としての技量を磨き，お客さんに対して正直に接し，ありのままの自分を見てもらえば，少しずつであっても，きっとお客さん（売上）は伸びるはずです。

---

＊53　打消し表示に関する表示方法及び表示内容に関する留意点［https://www.caa.go.jp/policies/policy/representation/fair_labeling/pdf/fair_labeling_180607_0004.pdf］

## Q 30　副業禁止規定

**Q** 　私は普段は会社員として，民間企業に勤務しています。数年前からキャリアコンサルタントの勉強を始め，今年，無事に資格を取得しました。最近，大学時代の友人に頼まれて，休日に有料（友情価格）でキャリアカウンセリングを行い，そのことを Twitter に書き込みました（もちろん個人情報には配慮しました）。すると，人事部から呼び出され，「あなたは副業をしていますね？　就業規則では許可なく副業することが禁じられています。懲戒処分を検討するので，自宅待機してください」と告げられました。私は懲戒処分になるようなことをしたのでしょうか？

**A** 　この事例を検討する順番として，①就業規則に副業禁止を定めることは有効か，②（就業規則は有効だとして）副業に対する懲戒処分は有効かの順に解説します。

### (1) 就業規則の観点

　会社員の方で，自身の勤務先の就業規則を詳しく見たことがない方も多いと思いますが，多くの会社では，就業規則に「会社の許可なく，他に雇用され，または自ら事業を営むことを禁止する」などの，副業禁止規定が定められています。

　就業規則とは，いわば「会社内のルールブック」です。始業時間，就業時間，休憩時間，給与の規定，休職する場合の規定，懲戒になる事由と懲戒手続きなど，会社内の決まりやトラブル処理方法などが記載されています。

ただし，どんな内容を定めてもよいというわけではなく，労働基準法
や最低賃金法などの法令に違反する内容を定めても，無効となります
（労働契約法 13 条）。また，一方的に労働者に不利になる内容を定めても，
無効となります（労働契約法 10 条）。

　そのため，副業（兼業）を一切禁止するという就業規則は，労働者の
私生活（憲法 13 条）や，職業選択の自由（憲法 22 条 1 項）を著しく制約
するため，無効となりますが，許可制であれば有効となります*54。労働
者側からすれば，「給料が低いから仕方なく兼業や副業をしなければな
らないのに，それを一律禁止されては生活できないではないか」と言い
たくなるでしょう。

　ちなみに，厚生労働省のモデル就業規則*55 では，「労働者は，勤務時
間外において，他の会社等の業務に従事することができる」と原則とし
て副業可能としたうえで，「会社は，労働者からの前項の業務に従事す
る旨の届出に基づき，当該労働者が当該業務に従事することにより次の
各号のいずれかに該当する場合には，これを禁止又は制限することがで
きる。①労務提供上の支障がある場合，②企業秘密が漏洩する場合，③
会社の名誉や信用を損なう行為や信頼関係を破壊する行為がある場合，
④競業により企業の利益を害する場合」として制限をかけています。

---

＊54　裁判例（京都地裁平成 24 年 7 月 13 日判決）も，「労働者は，勤務時間以外の時
　　間については，事業場の外で自由に利用することができるのであり，使用者は，労
　　働者が他の会社で就労（兼業）するために当該時間を利用することを，原則として
　　許さなければならない。もっとも，労働者が兼業することによって，労働者の使用
　　者に対する労務の提供が不能又は不完全になるような事態が生じたり，使用者の企
　　業秘密が漏洩するなど経営秩序を乱す事態が生じることもあり得るから，このよう
　　な場合においてのみ，例外的に就業規則をもって兼業を禁止することが許されるも
　　のと解するのが相当である」と判断しています。
＊55　モデル就業規則［https://www.mhlw.go.jp/stf/seisakunitsuite/bunya/koyou_
　　roudou/roudoukijun/zigyonushi/model/index.html］

## （2）懲戒処分の観点

　懲戒処分とは，企業秩序を保つために使用者が労働者へ科す制裁罰で，いわば「会社の中で適用される刑事罰」です。罰であるため曖昧な適用は許されず，就業規則などの中で，あらかじめ懲戒処分の事由や手続きが定められている必要があります。懲戒処分の種類は企業によって異なりますが，多くのケースでは，「戒告⇒減給⇒出勤停止⇒降格⇒諭旨解雇⇒懲戒解雇」の順で重い処分が定められています。

　多くの就業規則では，懲戒事由として，「この規定に違反したとき」と幅広く定めています。しかし，どんな些細な違反があっても，懲戒処分が法的に許容されるわけではありません（就業規則を形式的に解釈すれば，1回の遅刻でも懲戒事由に当たることになりますが，だからといって懲戒処分を適用するのは，やり過ぎです）。

　副業の場合でも，たとえ会社の許可なく行ったとしても，本業の労務提供（パフォーマンス）に支障がなかった場合や，会社に対する背信行為とまでは言えない場合は，懲戒処分をしても無効となります[56]。

　以上によれば，事例の場合，休日にキャリアカウンセリングを実施したとしても，本業のパフォーマンスに支障が生じたとは言えませんし，会社に対する背信行為とも言えませんから，懲戒処分を与えることはできません（与えたとしても無効となります）。

---

[56]　裁判例では，トラック運転手が年に1〜2回，他社で運送アルバイトをしていたケースで，アルバイトで会社の業務に具体的に支障をきたしたことはないとして，懲戒解雇を無効としたもの（東京地裁平成13年6月5日判決），大学教授が土曜や夜間に語学学校の講師を務めたり，独自に語学講座を開いたりしたケースで，大学授業に支障が生じたことはなく，職場秩序に影響が生じたこともないとして，懲戒解雇は無効としたもの（東京地裁平成20年12月5日判決）があります。

第3章
# クレーム対応

　カウンセリングや研修講師の活動は，さまざまな価値観や考え方の人と数多く接するため，クレームを受けることは避けられません。もちろん，こちら側に落ち度があるクレームには真摯に対応しなければなりませんが，なかには非常に理不尽と感じるクレームを受けることもあるでしょう。

　人間は，見通しが立たないことに対して不安をより強く抱くので，クレームを受けた際に，将来どのような責任が発生するのかをある程度知っておくことは，不安を和らげるためにとても重要です。

　そこで第3章では，カウンセリングや研修講師の場面におけるさまざまなクレームを想定して，法的視点から，どのような責任が発生しうるのか，対応策と併せて検討してみます。これら検討において，クレーム対応の議論が進んでいる医療分野を参考にしてみます。

　一方，誹謗中傷やつきまといなど，クレームの枠を越えた被害を受けた場合についても，対応策を解説します。

## Q 31　クレーム対応の基本

**Q**　カウンセラーや研修講師として，クレームに対応するための基本姿勢や注意点を教えてください。

　まず，クレームに「法的根拠」があるかどうかで，対応方法が異なります。

　たとえば，カウンセリングを実施して，クライアントの個人情報を誤って流出させてしまった場合にクレームを受ければ，それは債務不履行責任（民法 415 条 1 項），あるいは不法行為（民法 709 条）という法的根拠（法的責任）がありますので，真摯に対応しなければなりません。

　ただし，法的責任があるとしても，どこまでの損害を賠償すべきかは別問題です。こちら側に落ち度があるからといって，相手の言いなりで，何でもかんでも賠償しなければならないわけではありません。法律的には，「相当因果関係がある損害」を賠償すべき義務があるということになりますが，損害の算定方法や慰謝料の相場など，専門的で分かりにくい部分もありますので，弁護士へ相談したほうが無難です。

　一方，たとえば，カウンセリングを一回受けたけれども，たいして効果を感じなかったというクレームの場合，カウンセリングは効果を保証するものではないので（Q23 参照），法的根拠はありません。

　ただし，法的根拠がないからといって，そのようなクレームを無視したり強く反論するのは望ましくありません。そのような場合は，「ご期待に沿えず申し訳ございません」くらいの返事をしておくことが望ましいでしょう。ここで「申し訳ございません」という文言を使ったからといって，社交辞令の範囲内なので，法的責任を認めたことにはなりません。

問題なのは，法的根拠があるかどうか分からない場合（グレーゾーンの場合）です。Q33 などでも説明しますが，カウンセリングの副作用，リファー義務，ハラスメントなどが問題となる場合，一概に法的根拠があるかどうか判断できません。

　そのような場合，クレーム処理に長けた弁護士へ相談することが無難です。相談した結果，法的根拠は無いと判断し，その旨を相手に伝えてもクレームが止まらない場合は，弁護士が代理人（窓口）として対応してくれます。その分の弁護士費用がかかりますが，クレーム対応で時間や労力を割かれ，さらに精神的に疲弊することを考えれば，費用をかけてでも弁護士へ依頼して，気持ちを切り替えて本業に専念するほうが無難です。

# Q 32 「ハラスメントだ」とのクレーム

**Q** 「アドラー心理学で勇気を持とう」とのテーマで，研修講師を務めました。研修の冒頭で，「皆さん，本日は勇気を持って参加してくれてありがとうございます」と挨拶をしました。ところが，研修終了後，ある受講者から，「先生の言葉で傷つきました。『勇気を持って』って，まるで私が普段から勇気を持っていないみたいな言い方ですね。そういう上から目線の言い方，ハラスメントですよ。精神的苦痛を受けました」とメールが届きました。私はそんなつもりで言ったわけではないのですが，受け手が嫌な思いをすれば，やはりハラスメントに当たるのでしょうか？

**A** ハラスメントには，パワハラ，セクハラ，マタハラ，モラハラなどさまざまな種類があり，最近ではいわゆるパワハラ防止法が施行されるなど，ハラスメントに対する注目は高まっています。そこで，ハラスメントの判断方法と責任について解説します。

## (1) ハラスメントの判断

　「受け手が嫌な思いをすればハラスメントに当たる」と言われることがありますが，法律的にどのように考えたらよいのでしょうか。

　子どものいじめについては，文部科学省「いじめ防止法ガイドライン（平成 29 年）」によると，「けんかやふざけ合いであっても背景にある事情の調査を行い，児童生徒の感じる被害性に着目し，いじめに該当するか否かを判断する」とされています。このガイドラインをもとにして，「いじめは受け手が判断する」＝「ハラスメントも受け手が判断する」

と解釈されることがあります。

　しかし，たとえば職場のパワハラは，改正労働施策総合推進法（いわゆるパワハラ防止法）によって，「職場において行われる優越的な関係を背景とした言動であつて，業務上必要かつ相当な範囲を超えたものによりその雇用する労働者の就業環境が害されること」（労働施策総合推進法30条の2）と表現されています。

　また，マタハラは，育児介護休業法では，妊娠・出産したこと，産前産後休業または育児休業等の申出をしたこと，または取得したことなどを理由とした解雇その他不利益な取扱いや，労働者の職場環境が害されること（育児介護休業法10条），と表現されています。

　このように，法律的には，受け手が嫌だと感じれば「直ちに」ハラスメントに当たる，と解釈されているわけではありません。

　また，厚生労働省の「精神障害の労災認定[*57]」においても，パワハラなどの心理的負荷の強度は，「精神障害を発病した労働者がその出来事とその後の状況を主観的にどう受け止めたかではなく，同種の労働者が一般的にどう受け止めるかという観点から評価します。『同種の労働者』とは職種，職場における立場や職責，年齢，経験などが類似する人をいいます」と定められています。

　したがって，（子どものいじめ以外の）法律的な場面や労災の場面においては，受け手が嫌だと感じれば直ちにハラスメントに当たると解釈されているわけではなく，「一般的にどう受け止められるか」という観点から判断されます。

　ただし，一般的にはハラスメントに該当しないと考えられることであっても，相手が嫌がると知っていて，あえてその行為を繰り返すことは，人格権の侵害として損害賠償責任を負う（慰謝料を支払う義務を負

---

＊57　精神障害の労災認定［https://www.mhlw.go.jp/bunya/roudoukijun/rousaihoken
　　04/dl/120215-01.pdf］

う）可能性があります。

## （2）ハラスメントの責任

　皆さんの身近なところでハラスメントが発生した場合，責任問題が浮
上するでしょう。特に自身がハラスメントの加害者である場合や，ハラ
スメントが起きた組織の責任者である場合，被害者に対して申し訳ない
と思う気持ちとともに，一体どんな責任を負わなくてはならないのか，
とても不安になると思います。

　ここで理解しておくべきことは，一括りにハラスメントといっても，
その内容と度合いによって，問われる責任が異なってくる，ということ
です。

　たとえば，職場で上司から，「恋人はいるの？　もういい年なんだから
早く結婚したほうがいいよ」と言われ，本人が嫌な思いをすれば，セク
ハラに該当するでしょう。しかし，それによって直ちに法的責任が発生
するかというと，それは別問題となります。

　この場合は，上司および会社に道義的責任（職場内で注意を受ける，
再発防止に取り組むなど*58）は発生するけれども，強制力を伴う法的責
任（民事賠償，刑事処罰）までは問われません。強制力を伴う法的な損
害賠償の対象となるのは，身体に触れるなど悪質なセクハラの場合で
す。

　また，労災の認定基準では，セクハラを原因として労災が認められる
（労災認定基準の「強」に該当する）ためには，「胸や腰等への身体接触
を含むセクシャルハラスメントであって，継続して行われた場合」が必
要とされています。したがって，1回身体に触れられた場合は，慰謝料
の対象にはなり得ますが，それによってうつ病になって会社を休職して

---

＊58　男女雇用機会均等法では，事業主に対してセクハラ防止義務を課していますが
　　　（同法11条，11条の2），直ちに損害賠償責任へつながるわけではありません。

しまったとしても，労災として認定されるのは難しくなります。一方，無理やりキスをするなどのセクハラの場合は，もはや民事責任にとどまらず，強制わいせつ罪として刑事責任も問われうる事態となります。

以上をイメージで表すと，下記のようになります。

道義的責任 < 民事賠償責任 ≦ 労災 ≦ 刑事責任

このように，一括りに「ハラスメント」といっても，その内容や度合いに応じて，問われる責任が異なってくるのです。

## (3) カウンセリングにおけるハラスメントの扱い

カウンセラーの方は，クライアントから，職場や家庭内でハラスメントを受けたとの相談を受けることがあると思います。その際，特に来談者中心療法を主軸としたカウンセラーの方は，「主役はクライアント」との姿勢が身についているため，クライアントが「ハラスメントを受けたから責任追及したい」と述べたとき，どう対処してよいか迷うことがあるかもしれません。

たしかに，世間一般から見れば些細なことを，クライアントが「ハラスメント」と述べたとしても，その感情（主観）に寄り添うのがカウンセリングとしては必要です。しかし，カウンセリングは，内省によってクライアント自身の生きる力を促進する，という「自己完結」ですむかもしれませんが，ハラスメントとして他人の責任を追及するのであれば，「自己完結」ではすみません。

責任追及は，内容によっては国家権力による強制力（刑事罰や損害賠償）を伴うものですから，クライアントの主観だけで決めることはできず，一定の客観性（社会通念としての評価，一般人であればどう感じるかという評価）が求められるのです。

つまり，クライアントが「ハラスメントを受けたから責任追及した
い」と述べたとき，カウンセラーは，その感情に寄り添うと同時に，社
会的・法律的にどのような責任追及がありうるのかを考える必要がある
のです。

### ●コラム5● 立証のハードル（裁判の現実）

　パワハラやセクハラなどハラスメント被害を受けたとき，被害の当事
者は真実（ハラスメントの事実）を知っているため，裁判を起こせば当
然，被害が認められると考えるでしょう。裁判では，被害者側（原告側）
が「ハラスメント被害を受けた」と主張して，加害者側（被告側）が
「確かにそのとおりです」と認めれば，ハラスメント被害が認められま
す。

　しかし，被告側が自ら認めることは稀で，「そんなことを言ったこと
はありません」と否定してくることがほとんどです。そのような場合，
裁判のルール上，原告側が，ハラスメント被害があったことを証明（立
証）しなければなりません。その場合でも，録音や録画など，客観的な
証拠があれば問題ありません。

　ところが，間接的な証拠（たとえば，日記に書いたこと，家族や友人
にハラスメント被害に遭っていることを相談したこと）では，それだけ
で直ちに立証が成功するわけではないのです。ちなみに，パワハラ被害
を受けて心療内科へ通院して，カルテや診断書に「職場でパワハラ被害
を受けた」と医師が記載したとしても，医師がその現場を見て書いたわ
けではなく，患者が申告した内容を書き記しただけなので，カルテや診
断書の証拠としての価値は，それほど強いものではありません。

　そのため，決定的な証拠が存在しない場合，裁判所の法廷で，双方の
話を裁判官が直接聞くことになります。ハラスメント被害が真実であれ
ば，被告側はウソをついていることになるので，どこかでボロが出るこ

とがあります。そうすると，原告側は「勝った」と思うでしょうが，必ずしもそのようになりません。

　その理由は，「裁判で勝つ＝証明に成功する」という立証のハードルは，過半数（51：49）ではないからです。立証のハードルは「高度の蓋然性」「通常人が疑いを差し挟まない程度に真実らしいとの確信を得ること」などと表現されており，数値化されているわけではありませんが，あえて言えば，「80：20」「90：10」くらいで被告側を圧倒しなければならないのです。そうすると，「60：40」「70：30」くらいで惜しいところまで行っても，裁判では負けとなってしまうのです。

　したがって，「ハラスメント裁判で負けた」といってもその内容はさまざまで，そのなかには「0：100で箸にも棒にも掛からかった」とのケースもあれば，「70：30で惜しくも負けたが，だからといってハラスメントの存在が明確に否定されたわけではない」とのケースもあるのです。

　このように立証のハードルが高く設定されている理由は，「言いがかり裁判」を防ぐためと考えられます。仮に立証のハードルを過半数に設定してしまうと，証拠捏造やウソが上手な人物が「言いがかり裁判」を起こして，賠償金をたやすく得ることができてしまいます。それを防ぐため，立証のハードルは高く設定されているのです。その副作用として，「惜しいところで負ける＝泣き寝入り」が生じてしまうのが現実です。「言いがかり裁判」と「泣き寝入り」，どっちを防ぐべきか悩ましいところですが，現在の司法制度は，「言いがかり裁判」の防止を優先しているのです。

　この裁判の現実から言えることは，被害に遭っても泣き寝入りとならないためには，証拠の確保が最も重要だということです。厳しい言い方をすれば，自分の身は自分で守らなければならない，ということです。

## Q 33　心理療法の副作用

**Q** あるクライアントが，「どんな仕事でも完璧にこな
さないと気が済まない」と言うので，本人の同意のも
とで，認知行動療法を計3回実施しました。

クライアントは，「ゼロか100かの思考」や「すべき思考」
など，自分の認知のクセに気づきましたが，その根底には幼
少期のトラウマ（私立小学校受験用の塾に毎日通い，テスト
で悪い点数を取ると両親から「どうしてこんな問題もできな
いの！」と厳しく叱られ続けた体験）が，潜んでいることに
気づきました。クライアントはそのトラウマを消化できず，
うつ状態となり，出勤することができなくなってしまいまし
た。

すると，クライアントの家族から，「あなたのカウンセリン
グのせいで，うちの人が病気になった。責任を取ってくださ
い」とクレームが入りました。

**A** 副作用は，医療行為（特に薬の処方）で問題となることがあ
ります。そこで，薬における副作用の議論を参考にして，心理
療法・精神療法における副作用を検討してみます。

### （1）薬と副作用

薬には何らかの副作用がつきものであるため，副作用が発生した場合
に，必ず医師や医療機関が責任を負うわけではありません（Q23にある
とおり，医療は準委任契約であるため，結果を保証するものではありま
せん）。抗がん剤治療が典型例ですが，副作用を考慮したとしても，治

療効果への期待を優先して抗がん剤を投与するという選択は，十分あり
うるのです。そのため，副作用が発生した場合に医師が責任を負うの
は，医療水準や患者の状態に照らして，通常の医師であればその治療を
選択しなかったと評価されるときです[59]。

　予見可能性と結果回避義務の観点でいえば，副作用は予見できたけれ
ども，治療のためにはやむを得ない処置であった（結果を回避すべき義
務には違反していない），ということになります。

## （2）心理療法に副作用はあるか

　薬の場合と比べて，心理療法の副作用に関する研究例は，極めて少な
いのが現状です（心理療法では，薬のように動物実験で副作用を確かめ
ることは困難です）。そのため，「心理療法には副作用がない」と誤解さ
れることもあります。しかし，心理療法は，心の動きに作用（介入）す
るのですから，まったく副作用が現れないと断言することはできないで
しょう。

　この点について，北里大学医学部精神科の宮岡等教授は，「新たな精
神療法の技法が紹介されると十分な吟味なくすぐ治療に取り入れる精神
科医や心理士がいる。その大きな理由は薬物療法と比べて，精神療法に
は副作用がないという思い込みであろう。精神療法は日常での話し合い
に近いものとみなされているのかもしれない。どんな治療法でも，効果
のあるものには副作用があるのは当然であり，効果の強い治療法は一般
に副作用も強いと考えられる[60]」，「認知行動療法も精神分析療法も，
どれだけ熟練した治療者が行っても副作用が出うると考えて，副作用を

---

[59]　薬の副作用では，医師や医療機関のほかに，薬を製造した製薬会社，薬を認可し
　　た国（厚生労働省）の責任を問う場合もあります（いわゆる薬害訴訟）。
[60]　宮岡等（2014）こころを診る技術：精神科面接と初診時対応の基本．医学書院，
　　pp.141-142.

検討することは大切である＊61」，「時間をかけて心理面に深く入る精神
療法ほど副作用は強く，副作用に気づかず治療を続けるとその副作用の
治療が難しくなるのは薬物療法と同様である＊62」と指摘しています。

## （3）事例の検討

　まず，認知行動療法の副作用の予見可能性ですが，一般論として前記
のように副作用は指摘されているものの，薬のように統計的に副作用が
調査分析されているわけではないので，予見可能性が認められるとして
も，かなり抽象的な程度となるでしょう。

　そして，結果回避義務についても，「そもそも認知行動療法を実施す
ることを避けるべきであった」とまでは言えないと考えられます。せい
ぜい，「明らかに副作用が出現した場合に，直ちに認知行動療法を中止
すべきであった」という程度でしょう。

　さらに，認知行動療法（原因）と，うつ状態になって出勤できなく
なったこと（結果）との間に，因果関係を認めることも難しいと言えま
す。なぜなら，うつ状態は，日常や職場などさまざまなストレス要因に
よって引き起こされるので，原因を一つに特定することは難しいからで
す。

　以上のように，事例の場合，予見可能性，結果回避義務，因果関係と
いういずれの観点からも，カウンセラーに責任を負わせることは難し
い，ということになります。

---

＊61　宮岡等（2014）こころを診る技術：精神科面接と初診時対応の基本．医学書院，
　　　p.145.
＊62　宮岡等（2014）こころを診る技術：精神科面接と初診時対応の基本．医学書院，
　　　p.148.

# Q 34  カウンセリングの説明義務，報告義務

**Q** 　私は昨年，心理カウンセラーとして開業しました。先日，アメリカで○○療法という新しい心理療法が開発されたというので，勉強してみたところ，特別な資格や道具などは不要で，簡単で有効な心理療法であることを知りました。

　そこで，定期的にカウンセリングをしているものの，なかなか改善の兆しが見えないクライアントに対して，○○療法を試してみました。手軽に導入できる療法であったため，このくらいならば問題ないかと，つい事前にクライアントに○○療法について説明し，同意を取ることを省略してしまいました。すると，いつもと私の様子が違うことを不審に思ったクライアントから，「先生，何か私で試していませんか？」と聞かれたので，「あなたに合う療法を探そうと思い，今までとは異なる療法で試してみました」と正直に答えました。

　翌日，クライアントから，「もう先生のところへ通うのを止めます。勝手に変な療法を試されそうで怖いです」「あと，今までどんな療法を私に試したのか，教えてもらえますか？」「カルテみたいなものがあるなら，開示してもらえますか？」と立て続けにメールが届きました。事前に説明などを怠ったのは私の落ち度だったと思いますが，これまで経験のない事態にどう対応するべきか分からず，返信はまだしていません。

　ちなみに，クライエントにはカウンセリング申込書に記入してもらったのみで，特に同意書のようなものを交わしていません。

事例を，カウンセリングにおける説明義務，報告義務，カルテ開示義務の観点から検討します。

## （1）説明義務と報告義務

　カウンセリングが適用される準委任契約（Q23参照）では，「受任者は，委任者の請求があるときは，いつでも委任事務の処理の状況を報告し，委任が終了した後は，遅滞なくその経過及び結果を報告しなければならない」（民法645条）と定められています。したがって，カウンセラーには，クライアントから求められた場合，カウンセリングについて説明する義務と報告する義務があります（契約書を交わしていなくても，当然の義務となります）。

　一方，クライアントから求められなかったとしても，心理療法の選択など，クライアントに判断を委ねるべき重要な事項については，クライアントの自己決定権を尊重するために，事前に内容を説明する義務を負います（医療現場のインフォームド・コンセントと同じ考え方です）。

　特に，最新の心理療法で，副作用の有無や程度などがいまだ不明な場合は，より慎重な説明義務を負います。先述の宮岡等教授も，「専門的な精神療法を実施する場合，開始前にはその専門家に相談することが不可欠であるし，治療者は精神療法をどのように用いるかを，副作用とともにきちんと学び，患者に説明する必要がある[63]」と注意喚起しています。

## （2）カルテの開示

　カウンセラーの方は，カウンセリングの際に，医療分野の診療録（カルテ）のようなものを作成することがあると思いますので，どのような

＊63　宮岡等（2014）こころを診る技術：精神科面接と初診時対応の基本．医学書院，p.148.

法的義務が生じるか，医療分野と比べながら解説します。

　まず，作成義務ですが，医師の場合は医師法で，「医師は，診療をしたときは，遅滞なく診療に関する事項を診療録に記載しなければならない」(医師法24条1項) と定められ，同条2項で「5年間これを保存しなければならない」と定められています。

　一方，カウンセリングの場合，そのように明確に規定した特別法はないので，一般法（民法）の規定に従うことになりますが，準委任契約に関する民法645条は，前記のとおり「委任事務の処理の状況」「経過及び結果」を報告する義務を定めているだけです。そのため，カウンセラーは，必ずしもカルテを作成する義務はありません。

　次に，開示義務ですが，医師法で明確な規定はないものの，厚生労働省による「診療情報の提供等に関する指針[*64]」では，原則として開示義務を負うとしています。また，個人情報保護法の観点からも，カルテは「保有個人データ」に当たるので[*65]，医療側は本人（患者）に対して開示義務を負います（個人情報保護法28条1項）。

　最近の裁判例（東京地裁平成27年8月19日判決）も，「医師は，患者から診療録等の開示を請求されたときは，これを開示することが患者の心身に悪影響を及ぼすなどの特段の事情がない限り，診療契約に基づく債務の一内容として，患者に対して診療録等を速やかに開示すべき義務を負っている」と判断しています。

　一方，カウンセリングの場合，カウンセラー側が個人情報取扱業者に当たれば（Q38参照），同様に本人に対して個人情報の開示義務を負い

---

[*64]　診療情報の提供等に関する指針 [https://www.mhlw.go.jp/shingi/2004/06/s0623-15m.html]

[*65]　厚生労働省（2017）「医療・介護関係事業者における個人情報の適切な取扱いのためのガイダンス」に関するQ&A（事例集），p.39. [https://www.mhlw.go.jp/content/000681801.pdf]

ます（個人情報保護法 28 条 1 項）。

　ところで，カウンセリングのなかで，「見立て」や「疑問に感じたこと」をメモ書きすることもあると思います。ときには，「境界性人格障害の可能性あり」などと，クライアントに見せることを予定していない事項を記載することもあるでしょう。このような場合，開示義務を負うとなると，カウンセラーは自由に「見立て」や「疑問に感じたこと」を記載できなくなってしまい，カウンセリングに支障をきたすかもしれません。

　そのため，個人情報保護法では，「本人又は第三者の生命，身体，財産その他の権利利益を害するおそれがある場合」には，例外的に開示義務を負わないと定めています（個人情報保護法 28 条 2 項）。

　医療分野では，具体例として，「患者の状況等について，家族や患者の関係者が医療従事者に情報提供を行っている場合に，これらの者の同意を得ずに患者自身に当該情報を提供することにより，患者と家族や患者の関係者との人間関係が悪化するなど，これらの者の利益を害するおそれがある場合」や，「症状や予後，治療経過等について患者に対して十分な説明をしたとしても，患者本人に重大な心理的影響を与え，その後の治療効果等に悪影響を及ぼす場合」が挙げられています。

　したがって，カウンセリングの場合でも，クライアントと家族などとの人間関係が悪化する場合や，クライアント本人に重大な心理的影響を与えるような場合は，開示義務を負わないと考えることができます。

　以上を踏まえると，この事例の場合では，クライエントからのカルテ開示請求を拒否することはできない，ということになります（仮に拒否すれば慰謝料請求の対象となります）。

　ちなみに，巻末の「カウンセリング契約書」のサンプルでは，クライアントからのカルテ開示請求を拒否できる内容になっていますが，たとえば，カウンセラーが故意または過失によってクライアントに損害を与

えたため，カルテを確認する必要がある場合であれば，契約書を楯にして開示請求を拒否することは，権利の濫用（民法1条3項）として認められない可能性があります。

## Q 35　カウンセリングのリファー義務

**Q**　私は，心理カウンセラーの資格を取ったばかりです。傾聴を中心としたカウンセリングのみ勉強したので，臨床心理士や公認心理師が行うような複雑な療法はできないのですが，友人から「仕事のことで悩んでいる人がいるから，カウンセリングをお願いできない？」と頼まれました。紹介されたクライアントは，仕事の悩みだけでなく，夜なかなか眠れない（早朝に目が覚めてしまう），食欲が出ない，何をやっても楽しく感じない，こんな状態が1カ月くらい続いている，と訴えました。

　私は，このクライアントはうつ病かもしれないと思いましたが，主訴の症状が出始めてまだ日が浅かったこともあり，まずは見立てが必要だと考え，カウンセリングを始めました。しかし，数カ月経っても，クライアントの体調はまったく改善しません。このままカウンセリングを続けることに，問題はないでしょうか？

**A**　カウンセリングにおいて，クライエントを他の専門機関へ紹介することを「リファー」と言いますが，医療の分野では，他の医療機関へ紹介することを「転医」と言います。そこで，「転医」と比較しながら，「リファー」でどこまでの義務が求められるか検討します。

　医療分野では，医療法1条の4第3項が，医師には必要に応じ患者を他の医療機関へ紹介し，患者の必要な情報を提供する等の努力義務があると定めています。最高裁平成15年11月11日判決も，「患者の診療に

当たった医師に患者を適時に適切な医療機関へ転送すべき義務」を認めています。

　このように，医療分野の転医義務では，患者の症状が専門外で対処困難であったり，専門内であっても自分の病院の設備では手に負えないと判断した場合，ただ転医先を紹介するだけでは不十分とされることがあります。たとえば，脳出血や心筋梗塞など緊急性が高い症状の場合，転医先が受け入れ可能か照会し，搬送して送り届けるまでの義務を負うことがあります。

　一方，カウンセリング分野では，医療法のような特別な規定があったり，裁判例があるわけではありません。ただし，カウンセリング契約（準委任契約）における善管注意義務（民法644条）の一環として，カウンセラーには，クライエントの状態からすると自分が対処し続けることは不適切であると判断した場合，その旨をクライエントへ説明する義務はあります。また，クライエントが希望するのであれば，自身の知っている範囲でリファー先を紹介する義務もあるでしょう。しかし，医療分野と異なり，カウンセリング分野では，特定のリファー先を探して受け入れ可能か照会する義務までは，ないと考えられます。

　そうすると，この事例の場合は，カウンセラーはクライエントに対して，「うつ病の可能性があり，カウンセリングで治るとは限らないので，一度，医療機関に診てもらったほうがよいです」などと説明する義務はあることになります。

　また，現実的・倫理的には説明をするだけではなく，リファーをする際には以下のような手続きを踏むのが望ましいでしょう。

　　「他機関にリファーを行う場合には，インフォームド・コンセントの原則から，複数のリファー先を公認心理師が提示して，クライエントが次の機関・専門家を自身で決めることができるよう，援助

する必要がある。また，この場合には，次の機関や専門家へクライエントについて情報提供を行う場合があるが，この情報提供についてもクライエントの承諾を得た上で行わなければならない*66」

　上記の引用は公認心理師向けに書かれていますが，広くカウンセラー一般に望まれる態度です。

## ●コラム6● カウンセリングと司法のコラボレーション

　私（筆者）は「カウンセリングの世界」と「司法の世界」の両方を見てきましたので，両者がうまくコラボレーションすると感じた場面を述べます。

### （1）法律相談の場面

　司法の世界では，「事実が重要で感情は二の次」という感覚があります。そのため，相談者が辛かったこと，嫌だったことを一生懸命にしゃべっていても，「それは関係ないから，事実だけ答えてください」と対応する弁護士もいます。しかし，いくら事実が重要だとしても，その事実の裏にはさまざまな感情が積もっているわけですから，私（筆者）は，その思いを受け止めて，ねぎらうことは必要だと考えています。

　また，ハラスメント事案では，録音など客観証拠が乏しい場合や，客観証拠はあるとしても事情があって立ち向かうことができない場合もあります。そのような場合，法律的な解決は難しいけれども，気持ちを整理するお手伝いとして，カウンセリングの技法が役に立つことがあります。

　さらに，ハラスメント事案では，たとえ「負け戦」であっても公開の

---

*66　一般社団法人日本心理研修センター（2018）公認心理師現任者講習会テキスト
［2018年版］．金剛出版，p.25。
　　金沢吉展（2006）臨床心理学の倫理を学ぶ．東京大学出版会。

法廷の場で自分の言葉で訴えたい，加害者と直接対峙したい，という方もいます。そのような場合，カウンセリングの技法を活かして，法廷の場でも感情を最大限言葉に出せるよう支援しています。

## （2）カウンセラーが活躍できる場面

　家族の問題を扱う家庭裁判所の調停では，複雑な感情を抱いている当事者双方の意見や思いをじっくり聴くことが求められるため，カウンセリングの技法はとても役に立ちます。そのため，カウンセラー有資格者で，家庭裁判所の調停委員として活躍されている方もいます（ちなみに，家庭裁判所の調停員になるためには，一般公募ではなく，推薦のようです）。

　また，刑事弁護（逮捕されたり起訴された人の弁護）をしていると，これまで自分に合った仕事，自分がしたい仕事など，キャリアについて真剣に考える機会が乏しかった人によく出会います。一方で，社会で更生するためには，長続きする仕事に就く必要があります。そこで，私（筆者）の経験ですが，キャリアコンサルタントの知人へ依頼して，留置場や拘置所へ同行してもらい，アクリル板越しにキャリアカウンセリングを行ったことがあります。

　その他にも，臨床心理士の資格を活かして，DVセンター，児童相談所で活躍されている方もいます。

## （3）心理学が活きる場面

　司法における心理学は，刑事の分野で発展してきました。たとえば，人間はどのような状況に置かれるとやっていない犯罪を自白してしまうのかという「自白の心理学」，どのような要素が目撃証言の正確性に影響を与えるかという「目撃証言の心理学」，犯罪が起こる原因を分析する「犯罪心理学」，性被害を受けた被害者が一見すると被害がなかったかの如く振る舞うという「性被害の心理学」などです。

　一方，民事の分野では，刑事の分野ほど体系的な研究は進んでいないようですが，「消費者の心理学」は，消費者行政の分野で活かされてい

ます。

　私（筆者）の経験では，福島原発被害の集団裁判のなかで，「一般の人々が放射線に対して恐怖や不安を抱く心理メカニズム」を説明[67] するために，同志社大学心理学部の中谷内一也教授に協力を仰ぎ，専門家証人として出廷していただきました。その結果，裁判所も理解を示し，判決の中で，「原告らが被曝した追加被曝線量が客観的にみればそれほど高くなく，健康影響に与えるリスクが小さいとしても，だからといって，原告らの不安が不合理なものであるとか，およそ賠償に値しない単なる不安感であるとかいうことはできない」との判断を示しました（福島地裁平成 29 年 10 月 10 日判決）。

---

[67]　鳥飼康二（2015）放射線被ばくに対する不安の心理学．環境と公害，44（4），31-38.

**Q** 　私は，SNSカウンセリングのNPO団体に所属しています。この団体では，ボランティアのカウンセラーが交代制の24時間体制で，チャットによるSNSカウンセリングを担当しています。

　先日，私の担当時間に，「死にたい」「カッターを手首に当てています」「これが初めてではありません」とのメッセージが届いていましたが，別の数件のメッセージに対応していて，このチャットに返信できませんでした。担当時間が終了となったので，次のカウンセラーに引き継ぎをして，ログアウトしました。

　数日後，ある親から，「うちの子が自殺未遂をしました。おたくにSOSを発していたのに，どうして無視したのですか？ 責任を取ってください」と電話がありました。一体どうしたらよいでしょうか？

**A** 　カウンセリングに関係してクライアントが自死した場合の責任問題について，裁判例はいまだ存在しないようです。そこで，類似の裁判例を参考にしながら事例を検討します。

### （1）参考裁判例

　裁判において自殺（自死）の責任が問われる事案として，①職場でのパワハラを原因として労働者が自死した場合，②学校でのイジメを原因として児童・生徒が自死した場合，③精神病院の入院患者が病院内で自死した場合などがあります[*68]。

このうち，①②では明確な加害者がいるため，加害者に対して責任（民法709条）を問うのは当然ですが，同時に，会社側（①）や学校側（②）に対して，パワハラやイジメを防止すべき義務を怠った責任を問うことや（安全配慮義務，Q26参照），加害者の使用者責任（民法715条）を問うことがあります。

　一方，③では明確な加害者がいないため（病気が原因と言えるため），病院側に対しては，患者の自死を防止すべき安全配慮義務を怠った責任を問うことになります。

## （2）事例の検討

　事例では，NPO団体（運営側）が直接の加害者ではないため（もともとの自死の原因を作ったわけではないため），前記③（精神病院事案）と同様の構造となります。また，Q23で解説したように，カウンセリングの法的性質は，医療と同じく準委任契約（民法656条）であるため，病院側の責任が問われる事例と法律的な構図が類似しています。そこで，精神病院事案を参考にして，SNSカウンセリング事例を考察してみます。

　精神病院事案では，安全配慮義務の内容として病院側は，①患者の自死を予見できたかどうか（予見可能性），②（予見できたとして）自死の結果を回避する義務があったか，という2点が判断要素となります。

　一般的に，精神疾患の患者は自死率が高いと言われていますが，それだけで予見可能性が常に認められるわけではなく，過去に自死未遂をしているか，自死を示唆する言動が見られていたかなど，具体的な事情が問われます[69]。

---

＊68　その他の事案として，福島原発事故の避難生活によってストレスを受け，自死した事案で，裁判所は東京電力に対して，約4,900万円の損害賠償を命じています（福島地裁平成26年8月26日判決）。

また，結果回避（自死防止）義務として，病院側に身体拘束や閉鎖病棟移行などの処置をすべきであったか，監視体制を強化すべきであったか，自死の道具となるものを排除すべきであったか，などが問われます[*70]。

　以上を参考にして SNS カウンセリング事例を検討すると，まず，メッセージ主は，「死にたい」とストレートに告げ，「カッターを手首に当てています」と切迫した状況を告げており，過去にも未遂経験があるとのことなので，カウンセラーや NPO 団体（運営側）に予見可能性は認められます。

　次に，結果回避義務ですが，精神病院と違って SNS カウンセリングでは，取り押さえるなど，相手の身体的な状況に直接介入できるわけではありません。そのため，物理的に自死を防止することは不可能です。一方，現実的に可能な手段としては，メッセージ主の居所が分かるのであれば警察などへ対応を依頼することや，メッセージ主に対して思いとどまるよう説得することが考えられます。

　問題は，これら現実的に可能な手段を取るべき義務を課すことが，運営側にとって酷と言えるかという点です。大量のメッセージが届き，どのメッセージも対処すべき緊急性が高く，そのときの運営体制では物理的に対処能力の限界を超えていた場合は，「死にたい」とのメッセージへの対応が後回しになってしまっても，やむを得ない（結果回避義務を負わせるべきではない）と言えるでしょう。

---

[*69]　たとえば，東京高裁平成 29 年 10 月 4 日判決は，入院当日にトイレ内で縊首自死した事案について，入院時には落ち着いており，希死念慮をうかがわせる言動はなかったことから，病院側の責任を否定しました。

[*70]　たとえば，東京地裁平成 7 年 2 月 17 日判決は，過去に複数回の自死未遂があった患者が，抑制帯をほどいて自死した事案について，病院側は特に十分な監視と周到な看護義務を負っており，容易に抑制帯がほどけないようにすべき義務があったとして，病院側の責任を認めました。

この事例では，「死にたい」とのメッセージが，他の大量のメッセージに埋もれてしまっていますが，運営側が緊急度の選別（トリアージ）をすべき義務を負っているかというと，医療機関ではないので，そこまでの義務を負わせるのは酷でしょう。

　加えて，医師には患者から診察を申し込まれた場合に，正当な理由がない限り断ってはいけないという応召義務（医師法 19 条 1 項）がありますが，カウンセラーにはそのような義務はありません。

　以上をまとめますと，運営側には予見可能性は認められますが，結果回避義務の違反までは認められないので，安全配慮義務に違反していない（責任を負わない），ということになります。

## Q 37　「死にたい」とのメッセージへの対応（その2）

**Q**　私は，SNS カウンセリングの NPO 団体に所属して います。この団体では，ボランティアのカウンセラー が交代制の 24 時間体制で，チャットによる SNS カウンセリ ングを担当しています。

　先日，私の担当時間に，「死にたい」「カッターを手首に当 てています」とのメッセージが届きましたが，このメッセー ジ主は以前にも，何度も同じようなメッセージを送ってきて いましたので，イタズラではないかと思うようになりました。

　そこで私は，「あなたはこれまで何度も，死にたいってメッ セージを送られてきていますが。。。」と返信したところ，「ふ ざけんな！　お前に何がわかる！　本当に死んでやる！！」と 返答があった直後，チャットを切られてしまいました。

　数日後，ある親から，「うちの子が自殺未遂をしました。遺 書の中に『あのカウンセラーに思い知らせてやる』と書いて ありました。おたくとのチャット記録を見ましたが，自殺の SOS をイタズラみたいに扱うなんて酷すぎます。責任を取っ てください」と電話がありました。一体どうしたらよいでしょ うか？

**A**　前回に引き続き，予見可能性と結果回避義務の観点から事例 を検討します。なお，実際の SNS カウンセリングの現場では， 事例（Q36，Q37）のような雑な対応をすることは稀だと思いますが， 法律問題を浮き彫りにするため，あえて雑な対応の事例を設定したこと をご了承ください。

## （1）事例の検討

　まず，予見可能性ですが，メッセージ主は「死にたい」とストレートに告げ，「カッターを手首に当てています」と切迫した状況を告げており，カウンセラーやNPO団体（運営側）に予見可能性は認められます。なお，以前にも何度も同じようなメッセージを送ってきたので，「本気じゃないと思った（予見できなかった）」との弁明が考えられますが，SNSカウンセリングには，自死するか悩んで行ったり来たりしている人もメッセージを送ってくるでしょうから，明らかにイタズラと分かるような内容でない限り，予見可能性は否定されないでしょう。

　次に，結果回避義務ですが，この場面で具体的に義務を設定してみると，カウンセラーは，カウンセリングのトレーニングを受けた者として，チャット上で適切な言葉を選び，メッセージ主の精神的苦悩が軽減するよう働きかける義務を負う，ということになります（ただし，相手の精神的苦悩が解消する，という結果責任まで負うわけではありません）。

　そうすると，事案のカウンセラーは，チャット文言上，イタズラと断定して相手を責めているわけではないので，結果回避義務に違反したとまでは評価できないでしょう。

　一方，仮に経験が乏しいカウンセラーが，イライラしてしまって，「死にたいって言う人で，本気で死ぬ人はいませんね。現に，あなたはこれまで何度も死にたいって言っているけど，こうして生きているでしょ」などとメッセージ主を煽ってしまった場合，精神的苦悩を軽減するよう働きかけたとは評価できませんし，積極的に善管注意義務に違反したとも評価される可能性があります。

## （2）過失相殺（素因減額）

　仮に，運営側が責任を負う場合であっても，「自死未遂の原因はもと

もと別に存在していて，カウンセラーの対応は引き金になったにすぎないのであれば，運営側がすべて責任を負うのは酷ではないか」との疑問が生じると思います。

これについて，類似の状況として，心臓疾患や脳血管疾患などの基礎疾患を持つ労働者が，長時間残業などのストレスがきっかけ（増悪要因）となって，心筋梗塞や脳梗塞などで死亡した労災事案があります。この場合，もともとの原因は基礎疾患であって，その発症について会社側が責任を負うべきものではありませんが，増悪要因について会社側に責任がある場合，会社側は死亡についても責任を負うことになります。ただし，会社側にすべての責任（損害賠償）を負わせるのは酷なので，過失相殺（素因減額）という制度[71]を通じて，会社側の負担割合が軽減されます。

そうすると，仮に運営側が責任を負う場合であっても，過失相殺（素因減額）によって，運営側の負担割合は軽減されることになります。

### (3) 期待権との考え方

この事例では，遺書によって，自死未遂はカウンセラーの対応がきっかけとなっている（因果関係がある）ことが分かります。

一方，仮に遺書がなかった場合，カウンセラーの対応と自死未遂の結果に，因果関係があるか不明なこともあり得ます。このような場合，結果（自殺未遂）との間の因果関係に基づく損害ではなく，「きちんと対応してくれると期待を生じさせたことへの損害（慰謝料）」を求めることが考えられます。

---

[71] 過失相殺は，契約当事者間（民法418条）にも，契約関係にない当事者間（民法722条2項）にも適用されます。身近な例では，交通事故の際に，歩行者が赤信号を無視して横断歩道を渡り，青信号で直進してきた自動車に轢かれた場合，自動車側が負うべき損害は70%程度減額される，というものです。

これは，医療事故で認められている考え方を参考にしています。医療事故の裁判では，医師が適切な処置をしていれば死亡しなかったということを，医学的に証明するのが難しい事例が多々あります。なぜなら，そもそも人間の身体は複雑なので医学的な探求は難しく，さまざまな病気を併発していた場合には，死亡原因を明確に絞り込むことも難しいからです。

　ただし，患者側としては，適切な処置をしていれば，ひょっとしたら死亡しなかった（いずれ死亡するとしても，少しは長生きできた）との期待を抱くことは，もっともな感情です。そのため，裁判所は，生命という重い法益に対して，そのような期待を抱くこと自体を法的保護の対象として，著しく不適切な処置をした場合に慰謝料を認める可能性を示唆しています[72]。

　そうすると，カウンセリングのケースでも，仮に著しく不適切な対応をしてしまった場合，生命に対する期待権が侵害されたとして，慰謝料が認められる余地もあるでしょう。ただし，医療事故の場合では，患者側は病院側に対して，適切な治療をしてくれるはずと強い期待を抱いているのに対して，カウンセリングの場合では，クライアントはカウンセラーに対して，（残念ながら）そこまで強い期待を抱いてはいないでしょう。そのため，仮にカウンセリングの場合に期待権侵害による慰謝料が認められるとしても，その金額は，医療事故の場合と比べて低くなると考えられます。

---

[72]　最高裁平成23年2月25日判決は，「患者が適切な医療行為を受けることができなかった場合に，医師が，患者に対して適切な医療行為を受ける期待権の侵害のみを理由とする不法行為責任を負うことがあるか否かは，当該医療行為が著しく不適切なものである事案について検討し得るにとどまるべき」と判示しました。

## （4）免責条項

　仮にカウンセリングの利用規約に,「あらゆる損害について一切の責任を負いかねます」との免責条項が入っていたとしても, 消費者契約法8条1項により無効となりますので, 注意が必要です（Q26参照）。

## Q 38　カウンセリングの守秘義務

**Q**　私は，心理カウンセラーとして開業しています。知人からの紹介で，親子関係で悩むクライアント（中学生）のカウンセリングを引き受けることになりました。カウンセリングを始める際に，クライアントから，「ここで話したことを，絶対に親には言わないでください」と強く念を押されたので，クライアントとの間で，「カウンセリングの内容は家族を含む第三者へ開示しません」との覚書を取り交わしました。

　昨日のカウンセリングの際，クライアントが，「もう父親を殺すしかない」「父親を殺して私も死にます」と思い詰めた顔でつぶやきました。私は，「殺してやりたいって思うくらい悩んでいるのですね」と応答しましたが，クライアントはしばらく黙ったままで，「もう殺すしかないんです」「今週中に決行します」「今までありがとうございました」と述べ，カウンセリングルームから走り去ってしまいました。

　自傷他害のおそれがある場合は，守秘義務は解除されるよう運用していますが，覚書を取り交わした時点では，クライエントが中学生だったこともあり，このことを詳しく説明していません。また，父親はかなり短気なようなので，親に告げると逆にクライエントの身に危険が及ぶかもしれないとも思え，どうしてよいか分からなくなってしまいました。

　カウンセリングの際には，「甲（カウンセラー）は，乙（クライアント）とのカウンセリングによって知り得た乙の個人情

報およびカウンセリングの内容を，乙の許可なく第三者へ口外しないことを約束する」などの，守秘義務に関する契約を締結することがあります。

　また，個人情報保護法による規制は，「個人情報取扱業者＝個人情報データベース等を事業の用に供している者」に対して適用されますので，カウンセラーが個人情報（氏名，生年月日など）をパソコンなどで体系的に管理している場合，個人情報取扱業者として，個人情報保護法による規制を受けることになります（たとえば，同法23条1項による第三者提供の制限）。

　ただし，明確な守秘義務契約を締結していない場合や，個人情報取扱業者に該当しない場合であっても，契約の一般的解釈として，カウンセラーはクライアントに対して守秘義務を負うので，やはりクライアントの個人情報やカウンセリングの内容を，正当な理由なく第三者へ口外（開示）することできません。

　なお，公認心理師や臨床心理士は，法令[73]や倫理綱領[74]で守秘義務が定められています。

　これらの守秘義務に違反した場合は，クライアントの人格権を侵害したものとして精神的損害（慰謝料）を支払う義務を負い，また，秘密漏洩によってクライアントに具体的な損害が生じた場合は，その損害を賠償する義務を負います。

　一方，緊急やむを得ない場合にまで，守秘義務をかたくなに守ろうと

---

[73]　公認心理師は，正当な理由がなく，その業務に関して知り得た人の秘密を漏らしてはならない。公認心理師でなくなった後においても，同様とする（公認心理師法第41条）。

[74]　臨床業務従事中に知り得た事項に関しては，専門家としての判断のもとに必要と認めた以外の内容を他に漏らしてはならない。また，事例や研究の公表に際して特定個人の資料を用いる場合には，来談者の秘密を保護する責任をもたなくてはならない（臨床心理士倫理綱領第3条）。

すると，クライアント自身や第三者に重大な問題が生じるのを知りながら見過ごすことになってしまい，その場合，守秘義務を守った側が，第三者から責任を追及される可能性もあります（コラム 7 参照）。そのため，個人情報保護法では，「人の生命，身体又は財産の保護のために必要がある場合であって，本人の同意を得ることが困難であるとき」（個人情報保護法 23 条 1 項 2 号）には，本人の同意がなくても第三者へ情報提供できる，と定めています。

　また，法律の一般的解釈としても，緊急やむを得ない場合（正当な理由がある場合）は，合意を破ったり，相手の利益を害したりしても，違法性が阻却される（＝責任を負わない）ことになります。刑法および民法に，「正当防衛」「緊急避難」が定められていることがその表れです。

　事例では，覚書に，自傷他害のおそれがある場合には守秘義務が解除されると明記しなかったようですが，明記しなかったとしても，上記の法律の一般的解釈として，緊急やむを得ない場合では守秘義務が解除されます。

　以上によると，事例の場合，クライアント自身やその家族に生命の危機が生じていますから，守秘義務は解除されることになるので，速やかに警察など然るべき機関へ相談することが求められます。

## ●コラム 7 ● クライアントの違法行為を 止める義務はあるか？

　臨床心理士や公認心理士の皆さんは，「タラソフ事件」を聞いたことがあるかと思います。これは，米国カリフォルニア州の精神科外来患者が，治療者に対して他人を殺害する旨告白し，その他人を本当に殺害してしまった，という事件です。被害者の遺族が治療者を訴えたところ，

カリフォルニア州最高裁判所は治療者に対して，被害発生を防止する義務（第三者保護義務）を認めました。

この第三者保護義務は，Q38で検討した守秘義務解除と似ているように思いますが，決定的な違いがあります。それは，守秘義務解除を超えて，積極的に被害防止に向けて働きかけをする作為義務まで負担するのか，という点です。言い換えれば，守秘義務は，クライアントから「なぜ無断でしゃべったのか?!」と責められるのに対して，第三者保護義務は，被害者（第三者）から「なぜ止めなかったのか?!」と責められる，という違いです。

直感的には，「第三者が危険にさらされそうであれば，当然，警察に通報するなり，被害を防止すべき責任がある」とも考えられます。しかし，倫理的責任（道義的責任）と法的責任とは，考え方が異なります。つまり，法的責任は，国家権力による強制力を伴うので（身体の自由を奪われる刑事罰，私財を強制的に差し押さえられる民事賠償など），責任（義務）を負わせるためには厳格な基準や判断が求められるのです。

実は，この「第三者保護義務」は，日本ではあまり議論が進んでいない分野です。たとえば2019年に，裁判官らによる「精神科における損害賠償請求に係る諸問題」[75]との論稿が発表されていますが，入院段階での紛争，入院中の身体拘束，身体拘束以外での自殺防止について分析・検討されているものの，第三者保護義務については検討されていません。また，1996年に，学者による「精神障害者による殺傷事故および自殺と損害賠償責任」[76]との論稿が発表されていますが，第三者が殺傷されたケースについて，医療機関の責任が問われた裁判例が数例紹介されている程度です（具体的には，治療的管理下に置くべき義務，無断離院を回避すべき義務を認めた例があります[77]）。

全体的に裁判例や学説の検討が進んでいるはずの医療分野ですらこの

---

[75] 國宗省吾ほか（2019）精神科における損害賠償請求に係る諸問題．判例タイムズ，**1465**，pp.13-48.

[76] 辻伸之（1996）精神障害者による殺傷事故および自殺と損害賠償責任（1）〜（5）．判例評釈，444，p.2；445，p.2；446，p.10；447，p.11；448，p.7.

ような状況ですから，心理職の分野では，さらに未開拓の分野と言える
でしょう[*78]。

　このような状況を踏まえて，心理職の分野について検討してみると，
まず，医療との違いが挙げられます。医師であれば，患者を引き受ける
応召義務（医師法19条1項）がありますので，引き受ける義務がある以
上，第三者を加害するおそれがある場合は黙認してはならない（第三者
保護義務を認めるべき）と考えることができます。一方，医師ではない
心理職には，そこまでの義務はありませんので，第三者保護義務を強く
認めるべきではないとも考えられます。ただし，医師との違い（応召義
務の有無）だけでは，画一的な基準を設定することはできませんので，
個別具体的な事情によって総合判断することになります。

　このように，画一的な基準を設けることが難しい分野では，いくつか
の考慮要素をもとにして総合的に判断するという手法は，一般の裁判例
でもよく用いられます。

　心理職のケースで考慮すべき要素として，クライアントとの関係性
（引き受けの程度），違法行為の内容（被害の重大性），危険の切迫性，
防止策を講じる容易性，非代替性などが考えられます。

　たとえば，初めて行ったカウンセリングで，クライアントが「イライ
ラしているから物を蹴飛ばして壊したい気持ちだ」と述べて，数日後，
クライアントが本当に近所の壁を蹴飛ばして壊したとします。この場合，
クライアントとの関係性はいまだ希薄ですし，被害も物損にとどまって
いますし，どこまで本気か把握することは難しいですし，どこの物を壊

---

[*77]　近親者の責任が問われた裁判例では，民法714条による監督義務として，積極的に
　　被害を防止すべき義務を認めたものがあります。ただし，近親者に対してそこまで重
　　い義務を負わせるべきではないとの批判もあり，最近の最高裁平成28年3月1日は，
　　認知症患者が起こしてしまった鉄道事故について家族の責任を否定しています。

[*78]　ちなみに，弁護士の分野では，「わが国では，依頼者が殺人や重大な傷害を犯そ
　　うとするなど人命に関するものについては，これを防止する義務があるとして，秘
　　密の開示を許すのが一般的である。この場合でも，法益の重大性のみならず，緊急
　　性や開示の必要性・相当性の用件もあわせて検討する必要がある」（日本弁護士連
　　合会弁護士倫理委員会編著〈2017〉解説弁護士職務基本規程［第3版］．日本弁護
　　士連合会，pp.63-64.）とされています。

そうとしているのか不明なので，防止策を講じようもありませんし，カウンセラー以外でも止めさせる人は想定できます。したがって，第三者保護義務は認められない（被害者に対してカウンセラーは責任を負わない），という結論になりそうです。

　一方，数年間継続してカウンセリングを実施しており，そのなかでクライアントが何度も殺人をほのめかしており，思いとどまるよう説得しても効果がなく，具体的な決行日時や対象者をカウンセラーだけに告げたとします。この場合，クライアントとの関係性は密であり，決行すれば取り返しのつかない被害が生じ，冗談とは思えないほど切迫しており，家族の連絡先は把握しているので連絡可能であり，この事態を止められるのはカウンセラーだけです。したがって，第三者保護義務は認められる（被害者に対してカウンセラーも一定の責任を負う），という結論になりそうです。

　以上は私見ですが，今後，この分野の議論が深まることを，ひとりの法律家として望んでいます。

　なお，児童虐待防止法，障害者虐待防止法，高齢者虐待防止法には，虐待を発見した場合に公的機関へ通報する義務が定められています。ただし，通報しなかった場合に罰則があるわけではなく，民事賠償の対象になるかどうかも明確ではありません。これについて，児童虐待防止法等の解説書[79]では「民法上の不法行為（民法709条）の前提となる作為義務は刑法のそれほど高度でなくてもよいので，より広い範囲で不作為による不法行為が成立するであろうが，この場合でも本条の通告義務違反が直ちに不法行為となるわけではない」と指摘されています。したがって，虐待の場面で通報せずに被害が発生した場合，通報しなかった人の責任は，上記の心理職の議論と同様に，さまざまな考慮要素をもとにして総合判断されると思われます。

---

＊79　磯谷文明・町野朔・水野紀子編集代表（2020）実務コンメンタール児童福祉法・児童虐待防止法．有斐閣，p.277.

# Q 39　　誹謗中傷被害への対応

> 私は副業でカウンセラーをしています。最近，イン
> ターネットの掲示板に，「○○はインチキカウンセラー
> だ！」「○○のせいで病気になった！」と，私の実名を書き込
> まれてしまいました。それを見た会社の同僚から，変な目で
> 見られたり，上司からも呼び出されて事情を聞かれたりしま
> した。誰が書き込んだのか何となく想像はつくのですが，断
> 定できません。どうしたらよいでしょうか？

　　インターネット上で誹謗中傷されると，どこで誰が目にする
か分からないため，とても不安になると思います。

　誹謗中傷で主に問題となるのは，「名誉毀損」と「プライバシー侵害」
ですが，事例では，「インチキ」などと社会的名誉を低下させる言動を，
公然と（不特定多数に向けて）発していますので，名誉毀損に該当しま
す。したがって，名誉毀損（不法行為）として，書き込みの削除や慰謝
料などを請求することができます。

　ただし，インターネットでの名誉棄損は，加害者（書き込んだ者）を
知ることが難しいという問題があります。この場合，プロバイダ責任限
定法という法律に基づいて，インターネット掲示板の管理者（コンテン
ツプロバイダ）に対して，書き込んだ者の情報（IP アドレスなど）を
開示するよう請求し，次に，書き込んだ者が接続したインターネット管
理者（アクセスプロバイダ）に対して，書き込んだ者のさらなる情報
（氏名や住所など）を開示するよう求めることになりますが，とても難
しい手続きが必要となります[80]。

　さらに，誰でも利用できるパソコンから書き込まれた場合や，海外の

プロバイダを経由している場合，書き込んだ者を突き止めるのはいっそう困難となります。したがって，インターネット上の名誉毀損に強い弁護士を探して相談されることをお勧めします。

　また，書き込み内容が過激化して，「殺してやる」などと脅されるようになった場合は，もはや脅迫罪（刑法222条）ですので，警察に相談してください（名誉毀損も犯罪ですが，脅迫罪のほうが，警察は機動的に対応してくれる傾向にあります）。

---

＊80　2021年の通常国会で，プロバイダ責任限定法が改正され，これまでコンテンツプロバイダとアクセスプロバイダと別々に手続きが必要であったものが，一回の手続きによって書き込んだ者を特定できるようになりました。ただし，損害賠償請求や削除請求は別途起こさなければならないため，やはり被害回復にはハードルがあります。

## Q 40　ストーカー被害への対応

**Q**　　私（女性）は，心理カウンセラーとして開業しています。2カ月前，WEBサイトで申し込んできた男性にカウンセリングを行ったところ，その後メールで，「先生のような人に会ったのは初めてです！」「お礼にご馳走するので食事に行きましょう！」と言われたので，やんわりと断りました。すると，その男性はカウンセリングに来なくなりましたが，かわりに，「好きです」とのメッセージが何度も届いたり，高価な宝飾品が送られてきたりしました。そのため，メールで「困ります」と伝えたところ，「ふざけんな！　お前のせいでおかしくなった！」と怒りのメールが届きました。最近では，カウンセリングルームの最寄り駅で，その男性らしき人物を見かけるようになり，怖くて仕方ありません。

**A**　　カウンセリングでは，プライベートな悩みごとを共有するため，クライアントがカウンセラーに対して特別な感情を抱くことがあります。また，境界性パーソナリティ障害など，他人と適切な距離感を保つことが苦手な人は，カウンセラーとの距離感も極端になってしまう可能性があります。

### (1) 対処方法

　事例のような場合，もはやカウンセラーがひとりで対処できる限度を超えていますので，専門家の助けが必要です。

　まず，弁護士へ相談してみてください。弁護士から相手に対して，本人に対して連絡したり接触したりしないよう警告文（内容証明郵便）を

出してもらうことができます。相手に社会的地位がある場合，弁護士からの警告によって，嫌がらせ行為が止むことが多いです。

　ただし，思い詰めて周りが見えなくなっている場合，弁護士からの警告が効かないこともあります。そのような場合，警察（国家権力）による援助を受けるべきです。恋愛感情が絡んでいればストーカー規制法，そうでなければ威力業務妨害罪や脅迫罪など，刑法による対処を求めることになります。以下，ストーカー規制法について解説します。

## (2) ストーカー規制法

　ストーカー規制法では，「特定の者に対する恋愛感情その他の好意の感情又はそれが満たされなかったことに対する怨恨の感情を充足する目的」を持って＊81，以下のような行為をした場合を，「つきまとい等」と定義して，規制の対象としています。

　①つきまとい，待ち伏せ。
　②「見ているよ」などと告げること。
　③「会ってください」「付き合ってください」など要求すること。
　④「ふざけんな，てめー！」などの乱暴な言動をすること。
　⑤無言電話をかけること，拒否されているのにSNSや手紙でメッセージを送ること。
　⑥汚物を送りつけること。
　⑦名誉を害する事項を告げること。

────────────────
＊81　現在のストーカー規制法は，恋愛感情を前提としたつきまとい行為を規制するものですが，恋愛感情を要件とする（処罰範囲を限定する）ことについては批判もあります。その理由は，悪質なつきまとい行為には，人前で注意されたり恥をかかされたりしたことに対する逆恨みなど，恋愛感情を伴わない場合もあるからです。一方，恋愛感情を要件から外すと，権力側に都合が悪い取材活動も「つきまとい行為」とされるおそれがある，との意見もあります。

⑧ 性的に恥ずかしくなることを告げたり，画像を送りつけたりすること。

⑨ 無断で位置情報（GPS）装置を自動車へ取り付けたり，GPS 情報を取得すること。

　これらの「つきまとい等」をした場合，直ちに逮捕されたり，刑事裁判にかけられたりするわけではありませんが，被害者からの申告により，警察から警告を受けたり，公安委員会から禁止命令を受けたりします。さらに「つきまとい等」を繰り返す場合は，刑事処罰（懲役または罰金）を受けることになります。

### （3）警察を動かす方法

　「警察に被害届を出してもなかなか動いてくれない」「告訴を受理してもらえない」と聞いたことがあるかと思います。その理由として考えられるのが，警察は毎日発生する膨大な事件を同時並行で扱っているなかで，証拠が乏しいケースは優先的に扱い難い，ということです。そのため，弁護士へ依頼して，証拠を整理してもらったうえで警察に同行してもらうと，警察の動きも格段によくなることがあります。

### ●コラム8● 「良い弁護士」の探し方

　現在，国内に弁護士は約4万人いますが，そのなかから「良い弁護士」を見つけるには，どうしたらよいでしょうか。

　信頼できる人から弁護士を紹介してもらうことが一番無難ですが，紹介してもらえる人がいない場合，次の点に注意してみてください。

　まず，「敏腕弁護士」という言葉がありますが，あまり期待して探さ

ないほうがよいでしょう。なぜなら，弁護士には，法律知識や実務経験といった「腕前」の高低はありますが，法律トラブルの決め手は，客観的な証拠の有無です。どんな「敏腕弁護士」であっても，証拠が乏しければ，裁判で勝つことはできません。

　むしろ重要なのは，誠実さと熱意だと考えます。たとえ弁護士になったばかりであっても，丁寧に話を聞いてくれて，細かいことでも熱心に取り組んでくれて，こまめに連絡を取れる弁護士であれば，多忙で高額な「敏腕弁護士」よりも，きっと良い結果が得られるでしょう。

　また，費用対効果を含めた解決見通しを的確に示してくれることも，「良い弁護士」の基準です。安易に「勝てますよ」と言って，早々と着手金（手付金）を求めてくる弁護士がいれば，注意したほうがよいです。

　テレビや雑誌に華々しく登場していたり，魅力的な言葉が躍るホームページであったりしても，やはり重要なのは「人物」なのです（これは他の専門職にも当てはまると思います）。

　ちなみに，多額の広告費用をかけている場合，その広告費用を回収するためには，サービスを効率化しないと経営が成り立ちません。サービス効率化の弊害として，弁護士が面会時間を作ってくれない（事務員に丸投げしている），難しい事件は受けてくれない（マニュアル的に処理できる仕事しか受けてくれない），という事態が生じることがありますので注意してください。

## 【参考文献】

赤羽根秀宜・井上惠子（2020）Q&A 健康・医薬品・医療の広告表示に関する法律と実務——健康食品・美容関連などの優良誤認，医薬品該当性，健康増進・誇大表示，医薬品等適正広告基準，医療用医薬品の販売情報提供活動に関するガイドライン，医療広告ガイドライン，打消し表示，自動継続契約，不実証広告規制，差止請求，措置命令，課徴金．日本加除出版

小泉直樹・田村善之・駒田泰士・上野達弘（編集）（2019）著作権法判例百選〔第6版〕．有斐閣

島並良・上野達弘・横山久芳（2021）著作権法入門〔第3版〕．有斐閣

高橋譲（2019）裁判実務シリーズ5 医療訴訟の実務〔第2版〕．商事法務

竹平征吾・牟礼大介・細野真史・浦田悠一（編著）（2021）新型コロナウイルスと企業法務—— with corona/after corona の法律問題．商事法務

## カウンセリング契約書（兼同意書） [*82]

**第1条　目的**

　この契約書は，カウンセラー○○（以下，単に「カウンセラー」といいます。）とクライアント様（以下，単に「クライアント」といいます。）との間のカウンセリング（以下，単に「カウンセリング」といいます。）に関する取り決めについて規定するものです。クライアントに本契約の内容を確認していただき，同意していただける場合のみ，カウンセリングを実施いたします。

**第2条　カウンセリングについて**

(1) カウンセリングは，主に○○療法を用いて実施しますが，医療行為ではありません。

(2) カウンセリングは，クライアントの改善効果を保証するものではありません。

(3) カウンセラーが医療による治療が必要であると提案した場合，クライアントは，可能な限りその提案を尊重してください。

(4) カウンセリングの一般的な内容や効果について疑問がありましたら，カウンセラーへお尋ねください。

(5) カウンセリングの実施場所は，カウンセリングルーム（…住所…）を原則としますが，クライアントのご要望により，オンライン

---

[*82]　サンプル使用上の注意として，Q25 をお読みください。

（Zoom 等）による実施も可能ですので，お問い合わせください（その場合，第 7 条が適用されます）。

(6) クライアントが 18 歳未満の場合，カウンセリングを実施するためには，保護者からの同意が必要となります。


第 3 条　料金とお支払い

(1) 料金は，原則として，カウンセリング 1 回○○分，○○円（税込）とします。

(2) カウンセラーとクライアントの協議によって，カウンセリングの時間を 10 分単位で短縮あるいは延長することができます。その場合，10 分当たり○○円（税込）で料金を増減します。

(3) お支払いは，カウンセリング終了後，現金にてお願いします。

(4) 予約時間に遅れた場合でも，料金の減額，時間の延長はできません。


第 4 条　予約

(1) カウンセリングは完全予約制ですので，お電話（営業時間内）あるいは WEB サイトを通じてお願いします。ただし，WEB サイトを通じた予約申込みは，カウンセラーから返信があった時点で予約成立となります。

(2) 営業時間は，随時，WEB サイト（…URL…）にて告知します。


第 5 条　キャンセルおよび中止

(1) クライアントの都合で予約をキャンセルされる場合，営業時間内に必ずお電話でお願いします。

(2) 予約日の前日までのキャンセルの場合，キャンセル料はいただきませんが，当日のキャンセルの場合，料金の○％を頂戴します。

(3) 緊急やむを得ない理由により，カウンセラーの都合でキャンセル
（日程変更）させていただく場合がありますので，ご了承ください。

(4) 次の場合，カウンセリングをお断りすることがあります。

・カウンセラーとクライエントがすでに別の人間関係を持っており，
そのことがカウンセリングの妨げになるとカウンセラーが判断した
場合

・未払い料金がある場合

・クライアントの無断キャンセルが継続した場合

・クライアントに自傷他害行為，触法行為の兆候がみられ，緊急対応
を要するとカウンセラーが判断した場合

・クライアントの心身状態から医療行為が必要とカウンセラーが判断
した場合

・カウンセラーが迷惑と感じたクライアントの行為について，カウン
セラーが止めてほしいと伝えても，クライアントがその行為を止め
ない場合

・クライアントが発熱などの症状を示し，新型コロナウイルス感染が
疑われるとカウンセラーが判断した場合

・マスク着用など，カウンセラーが指示する新型コロナウイルス感染
予防策に協力していただけない場合

・その他，カウンセリングの実施にふさわしい状態ではないとカウン
セラーが判断した場合

第6条　個人情報の扱い

(1) クライアントの同意がない限り，クライアントの個人情報，カウン
セリングの内容を第三者（家族含む）へ開示することは，原則とし
てありません。

(2) クライアントが不慮の事故に遭った場合，クライアントの事前の同

意がない限り，家族等第三者へカウンセリングの内容を開示することはありません。

(3) ただし，以下の場合は，クライアントの個人情報やカウンセリングの内容を第三者へ開示することがあります。
　・クライアントに自傷他害行為，触法行為の兆候がみられ，緊急対応を要するとカウンセラーが判断した場合
　・クライアントに虐待被害が疑われるとカウンセラーが判断した場合
　・法令の定めに基づき，裁判所，捜査機関，行政機関などから照会があった場合

(4) 個人が特定されないよう十分配慮した上で，カウンセラーはカウンセリングの内容を，学会や研究会などで報告・発表をすることがあります。ただし，個別の事例として報告・発表する場合はクライアントの許可が必要ですが，統計上の情報として具体的な内容に触れず報告・発表する場合は，クライアントの許可は不要とします。

(5) カウンセラーが作成するカウンセリング記録は，カウンセリング中においても，カウンセリング終了後においても，クライエントへ開示することはできません。


第7条　オンライン（Zoom）利用上の注意点

(1) あらかじめ，カウンセラーから送信された Zoom の ID 等から接続してください。

(2) 通信料は，クライアントの負担となります。

(3) 情報漏洩のリスクを防ぐために，フリー Wi-Fi など公共の無線LAN は利用しないでください。

(4) 第三者がオンラインでの会話を聞くことができない環境を整えてください。

(5) カウンセラーの許可なく，第三者を同席させることを禁止します。

(6) オンラインカウンセリングの内容を録画あるいは録音することを禁止します。

(7) クライアント側の通信上の問題によって接続に不具合が生じ，改善の兆しが見られないとカウンセラーが判断した場合，クライアントの都合による当日キャンセルとして扱います。

　以上につきまして，内容を理解した上で，同意します。

日付　　　　年　　月　　日

氏名

# 研修業務委託契約書

委託者○○（以下「甲」という。）と受託者△△（（以下「乙」という。）は，研修業務に関して，次のとおり契約を締結する。

第1条　研修業務の内容
(1) 乙は，甲のために，以下に定める研修（以下「本件研修」という。）を実施する。

　①内容
　　・・・・・・

　②対象者，想定人数
　　・・・・・・

　③研修期間，日時
　　・・・・・・

　④研修場所
　　・・・・・・

(2) 前(1)について，変更の必要が生じた場合，甲乙協議の上，これを変更することができる。

第2条　報酬
(1) 甲は，乙に対し，本件研修の報酬として○○円（税込）を，本件研修終了後1週間以内に，乙の指定する口座に振り込み送金する方法で支払う。送金手数料は甲の負担とする。

(2) 前(1)の報酬とは別に，甲は，乙に対し，本件研修に関して生じた交通費，資料印刷代その他実費を支払う。支払い方法は，前(1)と同様とする。

第3条　研修の遂行

(1) 乙は，本件研修を，善良なる管理者の注意をもって遂行する。

(2) 乙は，本件研修を行うに際して，資料作成や補助スタッフ利用など必要な場合は，甲に対して協力を求めることができる。その場合，甲は，合理的な範囲において乙の申し出に対して協力しなければならない。

(3) 乙は，甲の許可を得ることなく，本件研修を第三者へ再委託してはならない。


第4条　権利関係

(1) 乙が本件研修を行うに際して配布した資料等の著作権その他知的財産権の一切は，乙に属する。

(2) 甲は，前(1)の資料等について，乙の許可なく，本件研修以外で利用することはできない。


第5条　解除

(1) 甲又は乙は，相手方当事者に以下の事由が生じた場合には，催告を要することなく，直ちに本契約を解除することができる。

　①主務官庁より，営業許可停止，営業停止その他の行政処分を受け，若しくは信用失墜等の事由により営業が困難となったとき。

　②第三者より差押え，仮差押え，仮処分，その他の強制執行若しくは競売の申立て，又は公租公課の滞納処分を受けたとき。

　③本契約に著しい違反が認められたとき。

　④その他，本契約を継続し難い重大な事由が生じたとき。

(2) 新型コロナウイルス感染症の影響により，行政上の要請等に照らし，本件研修を中止することが妥当と判断された場合，甲又は乙は，本件研修を解除して終了させることができる。

(3) 本契約の解除が，甲の責めに帰すべき事由による場合（前(1)の場合を含む），乙は，甲に対し，第2条に定める報酬および費用を全額請求することができる。

(4) 本契約の解除が，乙の責めに帰すべき事由による場合（前(1)の場合を含む），乙は，甲に対し，第2条に定める報酬および費用を一切請求することができない。

(5) 本契約の解除が，甲あるいは乙の責めに帰すべき事由によらない場合（前(2)の場合を含む），乙は，甲に対し，第2条に定める報酬および費用に当該解除時までになされた履行（準備含む）の割合を乗じた金額を請求することができる[83]。

第6条　損害賠償

　甲及び乙は，故意又は過失により本契約の各条項に違反し，相手方当事者に損害を与えた場合は，相手方当事者は，報酬とは別に，当該損害を賠償しなければならない。

第7条　秘密保持

(1) 甲及び乙は，本契約の履行に際して知り得た相手方に関する一切の情報について，秘密として扱うものとし，かつ，本契約の目的以外に使用せず，当該相手方の事前の書面による同意を得ない限り，第三者に開示又は遺漏しないものとする。

(2) 前(1)の情報には，次の各号に該当する情報は含まれないものとす

---

[83]　新型コロナウイルス感染症の影響で中止とした場合，報酬をどうするか悩ましい問題です。上記サンプルでは割合としましたが，不可抗力なので報酬は一切発生しない，という考え方もあり得ます。また，履行の割合を巡って双方で話し合いがつかない場合もあるので，「3割の金額とする」など，あらかじめ割合を決めてしまうことも考えられます。

る。

①情報を受領した時点で，既に公知となっていた情報

②情報を受領した後に，受領者の責めに帰すべき事由によらず公知となった情報

③情報を受領した時点で，受領者が既に保有していた情報

④情報を受領した後に，受領者が正当な権限を有する第三者から秘密保持義務を自ら負うことなく開示された情報

⑤官公署又は法的手続により提出を命じられた情報


第8条　権利義務の譲渡禁止

　甲及び乙は，相手方当事者の書面による事前の承諾がない限り，第三者に対して，本契約の当事者たる地位並びに本契約から生ずる権利及び義務について，承継，譲渡，担保設定その他一切の処分を行ってはならない。


第9条　紛争解決

(1) 本契約に定めのない事項については，甲及び乙は，誠意をもって協議の上これを解決するものとする。

(2) 甲及び乙は，本契約に関する紛争について，○○地方裁判所を第一審の専属的合意管轄裁判所とすることに合意する。


本契約の成立を証するため，本契約書を2通作成し，甲乙署名捺印の上，それぞれ1通を保有する。


　　令和○年○月○日
　　甲　　　　　　　　　　　　乙

## おわりに

　カウンセラーや研修講師の皆さんは，本書を読んで，ひょっとしたら「ドキッ」とした部分や，「モヤモヤ」とした部分があったのではないでしょうか。

　法律は社会に出てから大事なものであるにもかかわらず，義務教育のなかで学ぶ機会が乏しいので，社会人になっても知らず知らずのうちに法律違反をしていることがあります。また，法律違反であると気づいていても，「みんなやっているから大丈夫」という安心感（？）もあって，コンプライアンスについて無頓着になることがあります。

　一方，生き馬の目を抜くようなビジネスの世界では，「正直に法律を守っていては勝ち抜けない」「やったもん勝ちだ」という風潮もあるように思います。

　しかし，「相手を尊重する」という基本姿勢を身につけている皆さんには，ぜひ，「みんなやっているから大丈夫」「やったもん勝ち」とは思わずに，コンプライアンスに対して忠実に活動してほしいと願っています。

　また，本書では，比較的新しい問題（PowerPoint のスライドでの主従関係，SNS カウンセリングでのトラブル，第三者保護義務，コロナ禍でのトラブルなど）について，私見を交えながら解決法を模索してみました。これらは，明確な正解が出ていない問題ですので，将来本書を改訂する機会がありましたら，最新の知見を盛り込みたいと考えています。

　最後になりましたが，本書の執筆にあたり，さまざまなご助言をいただいた，株式会社誠信書房の中澤美穂さんへ感謝申し上げます。

■著者紹介

鳥飼康二（とりかい　こうじ）

1975 年生まれ，京都大学農学部卒業，京都大学大学院農学研究科修了（応用生命科学専攻），日本たばこ産業株式会社中央研究所勤務を経て，一橋大学法科大学院修了後，2011 年より弁護士登録（東京弁護士会，中野すずらん法律事務所）。
2016 年産業カウンセラー資格取得（一般社団法人日本産業カウンセラー協会）。
著書：『事例で学ぶ発達障害の法律トラブル Q&A』
ぶどう社，2019 年ほか

本文イラスト──高嶋良枝（たかしま　よしえ）

Q&Aで学ぶカウンセラー・研 修 講師のための法律
──著作権，契約トラブル，クレームへの対処法

2021年11月5日　第1刷発行

著　　者　　鳥　飼　康　二
発 行 者　　柴　田　敏　樹
印 刷 者　　藤　森　英　夫

発行所　株式会社　誠 信 書 房
〒112-0012　東京都文京区大塚3-20-6
電話03（3946）5666
http://www.seishinshobo.co.jp/

印刷／製本：亜細亜印刷㈱
ISBN 978-4-414-20001-0 C2032

# SNSカウンセリング・ハンドブック

**杉原保史・宮田智基 編著**

ＳＮＳ相談実績のある執筆陣がＳＮＳカウンセリングに必要な知識・技法を紹介。需要がます
ます増える相談員の研修に最適なテキスト。

**A5判並製　定価(本体2600円＋税)**

# SNSカウンセリング・ケースブック
## 事例で学ぶ支援の方法

**杉原保史 監修**
**宮田智基・畑中千紘・樋口隆弘 編著**

ＳＮＳカウンセリングでの相談内容や対話の展
開、支援の実際が、豊富な“逐語録”と解説で
体感できる。相談員のトレーニングに最適。

**A5判並製　定価(本体2700円＋税)**

## 実践 職場で使える カウンセリング
予防、解決からキャリア、コーチングまで

**諸富祥彦・小澤康司・大野萌子 編著**

産業分野のカウンセラーに必要な知識と技法は、心理学から法律までこの一冊でひととおり学べる。初学者に最適の入門書にして決定版。

主要目次

**A5判並製　定価(本体2300円＋税)**

## 心の専門家が 出会う法律 [新版]
臨床実践のために

**金子和夫 監修**
**津川律子・元永拓郎 編**

定評ある書籍の最新版。公認心理師法にも1章を充て、試験対策にも最適。この一冊で心の専門家が関わる法と実務が把握できる。

主要目次

**A5判並製　定価(本体2400円＋税)**

# 職場のポジティブ
# メンタルヘルス3
### 働き方改革に活かす17のヒント

**島津明人 編著**

従業員のメンタルヘルス対策に役立つ最新理論を、第一線の研究者が紹介する好評書籍の第3弾。未知の時代のマネジメントが見える。

主要目次
第I部　組織マネジメントの支援
　1 他者への貢献感がやる気を引き出す
　2「人のため」は元気の源
　　──プロソーシャル・モチベーションを
　活用したリーダーシップとは /他
第II部　セルフマネジメントの支援
　8 気分は「伝染」する？
　　──個人の感情が職場にもたらす影響/他
第III部　実践！ 休み方改革
　13 休み方を考える
　　──リカバリーを通じたワーク・エンゲ
　イジメントの促進
　14 いきいきと働くための睡眠のとり方
　15 海外出張していないのに時差ぼけ!?
　　──社会的時差ぼけの健康影響/他

**A5判並製　定価(本体1900円+税)**

# 職場のポジティブ
# メンタルヘルス2
### 科学的根拠に基づくマネジメントの実践
**島津明人 編著**

従業員のメンタルヘルス対策に役立つ最新理論をわかりやすく紹介した好評書籍の第2弾。職場で簡単に使える工夫が満載。

**A5判並製　定価(本体1800円+税)**

# 職場のポジティブ
# メンタルヘルス
### 現場で活かせる最新理論
**島津明人 編著**

従業員のメンタルヘルス対策に役立つ最新理論を第一線の研究者が実践例とともに紹介。すぐに使えるちょっとした工夫が満載。

**A5判並製　定価(本体1800円+税)**